VR（仮想現実）ビジネス
成功の法則

引领未来

日本日经产业新闻 编
朱春柳 译

VR 产业创新模式与启示

北京时代华文书局

引 言

听说过"第一只企鹅"吗？它指的是带头跳进也许潜伏着天敌的海里的那只企鹅。第一只企鹅大胆的行为激发了群体的勇气，因此企鹅群才能捕猎到它们最爱吃的鱼。

在企业活动中也存在着"第一只企鹅"。成功不是既定的。你一定遇到过得不到上司理解或遭到排斥的情形。不过，你没有放弃，还是冒着风险前行，在新的产业中开辟出新天地。所谓产业的历史，也可以称之为"第一只企鹅"的历史。

本书是将日本经济新闻社在《日经产业新闻》上连载的《VR崭露头角》重新汇编，并进行大幅度删减后编辑而成的作品。作品中出现了一大批投身于VR（虚拟现实）这片汪洋大海中的"第一只企鹅"：有对VR时代到来充满狂热的人，有因智能手机出现而遭遇挫折但吸取教训迎难而上的人，也有想亲自体验新技术给人类社会带来变化的人。虽然投身于"大海"的理由各不相同，但是从事新产业开发相关工作的人，无论是谁都充满着蓬勃的朝气。

中村雅哉先生逝世于2017年1月，他是南梦宫公司的创始人，是娱乐产业中伟大的"第一只企鹅"之一。他曾说过，他的信条是"人—游戏者"（游戏人）。荷兰历史学家约翰·赫伊津哈在他提出的想法中阐述了"游戏本身就是人类文化起源"这一观点。在娱乐产业中，人们对VR的投资、研究活动都处于先行地位，不断积累宝贵的经验。本书也是以娱乐领域为中心进行阐述的。

但是，VR的可行性不仅限于娱乐领域。它隐藏着能够改变所有产业潜在能力的技术。除VR之外，还有AR（增强现实）、MR（复合现实），它们给我们日常生活带来的冲击有可能超过智能手机。"我所在的行业或企业会发生什么？我使用VR能做些什么？"变革的第一步就始于这样的自问自答。

如果本书能够对实质掌握VR起到哪怕是一点点的帮助，并以此为契机诞生"第一只企鹅"的话，便是我们莫大的荣幸了。

此外，本书由日本经济新闻社企业报道部的新田祐司执笔，由企业报道部副总编辑佐藤慎、长岛芳明负责编辑。书中涉及的称呼原则上使用本书执笔时的称呼，省去敬称。

目录
CONTENTS

第一章
VR 不等同于"虚拟现实"

1 虚拟与现实之间的界限消失　　002

2 VR 变迁不会停止　　008

3 向 VR2.0，甚至是 MR 变迁　　012

关键人物访谈之一：无所谓是真是假　　020

第二章
追求"简便"
——索尼 VR 游戏机的挑战

1 热捧登场　　028

2 项目名为"墨菲斯"　　030

3 异端的"传教士"　　040

4 魔力价格"399"　　045

5 扎克伯格预料中的男人　　052

6 热潮已过了吗　　056

关键人物访谈之二：技术已满足开发者的创造力　　061

第三章

发现"VR 共鸣力量"的差距
——建造"日本首个"专用设施的万代南梦宫

1 再见，100 日元商务　　　　　　　　　070
2 存活着的南梦宫基因　　　　　　　　　079
3 世嘉，20 年后的再挑战　　　　　　　086
4 竞争对手不断出现　　　　　　　　　　090
关键人物访谈之三：用"魔法"提高共鸣力量　　094

第四章

"只有 VR 才有"，不在成功经验之内
——科洛普尔公司坚信的可能性

1 打破手机游戏常识　　　　　　　　　　102
2 寻找"只有 VR 才有"　　　　　　　　107
3 在成长市场中撒网　　　　　　　　　　112
4 "女高中生"掀起的涟漪　　　　　　　118
5 关键是"第一人称"　　　　　　　　　125
关键人物访谈之四：现实敌不过虚拟　　　　130

第五章

用故事来决胜负
——富士电视台、格力公司、电通公司的野心

1 目标是"只有专业影像才有"的内容　　　　138
2 乘着设备转换的浪潮　　　　147
3 报道的现场在变化　　　　153
4 VR 引起的广告界变革　　　　157
关键人物访谈之五：现在处于制定规则阶段　　　　161
关键人物访谈之六：做好失败的精神准备，迎接挑战　　　　165

第六章

一切皆能体验
——医疗、不动产、灾害对策及其他

1 扩大的应用范围　　　　170
2 将超精细和超高速应答做到极致　　　　178
3 追逐视线　　　　182
4 VR 引领的 5G 的胎动　　　　187

第一章

VR 不等同于"虚拟现实"

1 虚拟与现实之间的界限消失

继智能手机之后引领社会的技术

VR 是"Virtual Reality"（虚拟现实）的简称，早就频繁出现于新闻、网络等媒体，几乎每天都能见到。

查阅 2016 年的 1 月 1 日至 12 月 31 日之间的《日本经济新闻》晨报的标题或文章会发现，出现"VR"字眼的报道达到了 165 篇，平均每两三天就有一篇关于 VR 的报道。如果算上同一时间段兄弟报纸《日经产业新闻》《日经流通新闻》上刊登的关于 VR 的报道，那么它的数量就变成了 540 篇。就算对 VR 不怎么感兴趣的人，也会在电视上看到过有人戴着如同大号护目镜一样的装置，一会儿挥舞着双手、一会儿抬头向上看的情形。

这种类似护目镜的装置，其终端被称为头盔显示器（HMD），内部装有一个重几百克的显示设备；当头部晃动时，眼前的影像也随着不断变换，给人一种周围全都是影像的感觉，让人能够体验到如同进入影像世界的那种身临其境的感觉。

　　头盔显示器是将投影超细致影像的显示装置技术、检测头和手的动作反映到影像中的感应技术、再现声音强弱及来源的音响技术等集合起来，使人错把虚拟空间景物当作"真实景物"的设备。跟能够检测倾斜度等数据的6轴感应器给头盔显示器带来的影响一样，智能手机爆发性地普及所导致的电子零部件的降价也给开发头盔显示器提供了动力。

将 VR 等同于"虚拟"是不充分的

　　VR 与 AR（增强现实）同为继智能手机之后的核心技术呈现。它们隐藏的可能性是能够变成跟手机一样大小、可携带的小型电脑。正如手机取代电视机、电脑、播放器等功能一样，活用 VR 技术的设备也会取代手机，会使人们的日常生活焕然一新。

　　一般来说，"VR"被译为"虚拟现实"。在《日本经济新闻》等报纸新闻中，甚至在电视或者杂志上，都将 VR 与虚拟现实画上了等号。受词语"虚拟"的影响，人们的认知处于 VR 就是"虚构""假象"这一阶段。

　　然而，这一翻译存在着很大的问题。英语中 Virtual 的意思是"看起来跟原物不一样，但本质上是同样的东西"。只有看起来一样，本质上不一样才是虚拟、虚构。也就是说，如果从英文的原本意思来考虑的话，"虚拟现实"的翻译别说是译错了，根本上就是译成了完全相反的意思。本书也是出于方便，所以在表述上使用"虚拟现实"及"虚拟空间"这类的词语。如果要顾及VR原义的话，"虚拟"就不充分了。

研究 VR 的先驱是被人称为"计算机图形学之父"的美国计算机科学家伊凡·苏泽兰特。在还没有 VR 这一概念的时候，他就首次实现了头盔显示器的三维立体显示。首次使用 VR 这一词语的是美国的初创企业 VPL Reserch（虚拟编程语言研究），它在 1989 年开发了名为"Eyephone"（智能眼镜）的头盔显示器。看起来它跟现在的头盔显示器没什么差别，但是当时的价格在 300 万到 400 万日元之间。

即使到了现在，说起 VR 人们一般也会自然而然联想到戴在头上的头盔显示器，其实还有将影像投影到空间的"CAVE"（洞穴状自动虚拟系统）。头盔显示器是检测头部的动作，仅在体验者眼睛看的方向显示影像，给人一种身临其境的错觉。但是，对于 CAVE，即使是眼睛不看的方向，也需要一直显示影像。虽说存在需要准备装置的空间和成本的问题，在头盔显示器无法保证充分的视角和分辨率的时代，无论看向哪个方向都有影像的 CAVE 才是更理想的 VR 体验手段。

针对 CAVE 的想法现在仍然活跃。在史克威尔艾尼克斯公司的协助下，位于长崎县的豪斯登堡主题公园于 2017 年夏开启了使用投影仪的 VR 娱乐设施。将影像投影在室内的墙壁和地面上的方式可以称为 CAVE 技术。现如今，头盔显示器的一个缺点是，12 岁或者 13 岁以下的儿童不能使用。正因如此，以投影仪为基础的 VR 才能够吸引小孩的家长，才能与基于头盔显示器的 VR 分开来不断进化发展。

混杂在现实中的虚拟

　　VR 这项技术不是为了给宅男宅女们创造出另一个逃避现实的世界。技术人员的目标是控制视觉、听觉、嗅觉、触觉、味觉这五种感觉，营造一个与现实世界没有界限，或者说同现实世界没有本质区别的空间。VR 体验经常被形容为"代入感强烈"，在英语中也有"Immersive Technology"（沉浸式技术）的表述，但是"代入感"这个词本身的前提是与现实存在区别的，所以在将来使用"代入感"这个词就不恰当了。

　　当现实世界与虚拟世界的界限消失，虚拟融入现实中时，人类社会会发生什么？理化学研究所脑科学综合研究中心的脑科学家，担任盒子眼镜（Hacosco）公司代表、推广了用纸箱搭建简易 VR 设施的藤井直敬说："我也不知道会发生什么。"他所预想的是:"人们对于什么是真实的、什么是虚幻的将不再感兴趣。"

藤井直敬说:"我们相信现实没有背离我们。"那么,坐在你对面正在说话的人是真实存在的吗?你的脚下真的有地面,并且真的能在上面行走吗?为什么就算被问到唐突的事情时,对方也只会回答"是的"?藤井直敬进一步说道:"为什么我能这么肯定?因为有可能坐在你面前的只是投影仪投影出来的影像。"

分不清现实世界与虚拟世界,其所指的意思是,不知道身边的现实世界中哪里混入了虚拟元素。越分辨不清,人就越迷惑。一旦开始怀疑面前的景物是真实的还是虚拟的,一切就会变得奇怪,会产生"虚拟"的感觉。有可能前面那一块地板是虚拟的,一旦踏上去就会坠入深渊。

"如果一切都要怀疑的话,那连上班都没法上了。话虽如此,要确认是现实还是虚拟所需的'认知成本'还是太高了。进而人们就不会去确认,不会去考虑见到的是假还是真。"藤井直敬说道。

藤井直敬因研究 SR 系统而为人所知。SR 是 Substitutional Reality 的简称,译为"代替现实"。在被实验者眼前的投影影像中,插入早先保存好的过去的影像,巧妙地在现实中插入虚拟元素并将它与现实融为一体,被实验者无法判断面前的景物是真实的还是虚拟的。太过谨慎的结果就是有人站在藤井直敬真人面前反而说:"你是假的,是之前就拍好的藤井直敬先生的影像。"

"被实验的人说他看到的我与在实验前看到的我穿的衣服不一样,所以才认定看到的我是假的。虽然在他面前的不是以前保存好的影像,而是真实的我,但被实验者得意地认为他识破了我营造的假象。我认为这也没什么不好。因为人只要自己相信那是'真相',他就会活得幸福。没有必要非得知道真相。没有必要告诉幸福地活在自己所坚信的真相中的人他所认知的是假象。"

1999年上映的电影《黑客帝国》,开头讲述的是基努里维斯所饰演的主人公尼奥"即使是醒着也犹如置身于梦中"。受拥有希腊神话中的梦神墨菲斯这一称呼的人的指引,尼奥了解了世界原本的样子。他在梦中看到了这个世界令人惊愕的事实:人类是被机器当作电源来"培养",从一生下来就生活在虚拟世界中。墨菲斯称之为"心灵的牢狱"。

在《黑客帝国》故事展开到中间时,出现了背叛者。背叛者将情报卖给对尼奥纠缠不休的敌人"特工",特工对他做出了如下的委托:"消除他现实世界的记忆,让他回到黑客帝国(虚拟空间)。"也就是说,他自己要回到墨菲斯形容的心灵牢狱的世界。那么,谁又能指责这个男人?

谁会沉浸在创造出来的虚拟世界中?谁会忍受有着无尽烦恼、艰难生活的现实世界?到20××年,人类可能会面临这样一个终极抉择。

2 VR 变迁不会停止

被称为"VR 元年"的 2016 年

2016 年被称为"VR 元年"。头盔显示器逐渐在市场上销售,原本只能在研究室里才能体验到的 VR,普通家庭也能享受到其中的乐趣。这是划时代的一年。

首先,脸书(Facebook)公司花 20 亿美元收购的虚拟现实技术公司(Oculus)于 2016 年 3 月开始出售头盔显示器"时空裂痕"(Rift)。次年 4 月,宏达国际电子公司(HTC)开始出售"鲜活"(VIVE)。这两种产品都是需要电脑驱动的头盔显示器,算上搭载了高性能 GPU(图形处理器)的电脑在内,售价在 20 万 ~ 30 万日元之间。

大概在半年后的 10 月 13 日,VR 才成为普通消费者身边的话题。当天,索尼互动娱乐公司上市了可以体验 VR 的专用机器"PSVR"(VR 游戏机)。包含提供动作指令的航母级"PS4"在内,这套设备只要9万日元,不仅便宜,而且购买后的组装也很容易,就算是初次体验者也很容易上手。在东京银座"索尼银座商店"举办上市仪式的现场,记者纷至沓来;在综合电视节目中,也出现了男主持人即兴体验PSVR而从椅子上跌落的活动。根据某些VR专业网站的说法,从春天开始就一直保持良好态势的网站访问量,在这一天出现了峰值。在被称为"VR元年"的2016年,这是名副其实迎来高潮的一天。

  索尼公司大约于10年前就开始研发VR机器,当时以欧美工程师为中心。2014年,索尼公司在游戏开发者大会(GDC)上崭露头角,并在世界各国的游戏活动中举办巡回体验会。因为他们期待着将PSVR变成"继电视机之后全家人一起享受的家庭娱乐设备"的发明,所以史无前例地对除了游戏机主机以外的公关产品投入了大量的精力。从索尼游戏机起步,一直活跃的索尼公司全球工作室总裁吉田修平兴奋地说:"玩家想置身于游戏世界的梦想实现了。"

已有实际运用事例

  毫无疑问,引导近几年VR热潮的是游戏行业。首先,这场热潮的引领者——虚拟现实技术公司的创始人帕尔默·拉奇本身就是个狂热的游戏宅男，同时融合了游戏厅游戏设备技术的 VR 娱乐项目也在不断地问世。VR 与游戏是密不可分的。

因此，我觉得日本对于 VR 的应用可能性评价过低，存在"说到底就是个游戏机、就是游戏的工具"这样一种固定观念。

事实真的是这样吗？VR 设备是增加游戏乐趣的设备，所以它仅仅只供核心玩家赏玩吗？肯定不是这样。美国调查机构互联网数据中心（IDC）预估，到 2020 年，VR、AR 产业市场份额将会达到 1 441 亿美元，相当于 2016 年的 20 倍以上。VR 产业会对众多产业，甚至可能对与 VR 完全不相关的产业产生广泛的影响。

被称为"贝宝黑手党"的代表人物是超凡实业家埃隆·马斯克。据说他投资的特斯拉汽车公司（美国电动车及能源公司），在电动汽车生产线设计上已灵活运用 VR 技术。该公司让操作工佩戴头盔显示器，在虚拟空间营造出来的生产线上操作。由此，操作工在车身流水线旁时而蹲下，时而站起，时而拿起架子上的工具，通过这些动作来测定这一系列操作过程中身体负荷最重的部位，然后改进设计。采用这种方式，既不必停止已有的生产线，也不必另外制作测试生产线。

我们再举一个例子。东京大学医学部附属医院缓和医疗诊疗部的准教授住谷昌彦等人的研究小组发表了一篇研究成果，结论是：VR 系统能有效缓解在交通事故中失去手脚（幻肢）的人所承受的疼痛，即所谓的"幻肢痛"。首先，用动作捕捉设备记录下没有疼痛的手脚（健肢）做动作的影像，再把影像左右翻转，放映给戴了头盔显示器的患者看。这样就可以让患者看着影像活动健肢，给他一种仿佛在通过自己的意识控制幻肢的体验。医学界认为，幻肢痛的原因是脑内无法形成活动失去的手脚的影像（运动表象）。因此，VR系统就起到补全运动表象的作用。这可以说是在VR体验中让体验者实质上体会到和现实一样的感受的很好的例子。

通过这两个例子，大家应该能明白，VR设备或者说头盔显示器不是类似于"游戏站"那样的游戏机的进化版，而是应该被看作与电视机、智能手机一样同属于媒介这种形态的一项科技。可以把它当作和朋友联系的工具，可以用它看电影、听音乐，还可以玩游戏。有可能会有公司用VR会议取代电视会议，还有可能会出现通过在虚拟空间中投放影像的方式来进行股份买卖的券商。

虽说不是所有的一切都会往VR的方向发展，但是像所举特斯拉公司的例子那样，容易孕育出VR特征的领域迟早会发生VR变迁。就像人类已经不可能再回到"手机出现之前"一样，VR变迁也会是不后退、不可逆转的发展潮流。

3 向 VR2.0，甚至是 MR 变迁

跨过"VR 绝望时代"

  40 岁和 50 岁年龄段的人中可能会有人觉得"怎么又是 VR"。因为 20 世纪 90 年代出现过"第 1 次"VR 热潮。因此，这次的 VR 热潮也就被称为"第 2 次"。现世嘉控股公司（SEGA Enterprises）在"欢乐城"设置了 VR 娱乐项目，松下电工（现松下电器）公司也开发出能够在虚拟空间中体验现代化厨房的装置。顺便说一下，索尼公司也几乎在同一时期出售头盔显示器"古拉苏托龙"（VR 产品名），但是没有头部感应功能，只能在 52 号大型屏幕上观看影像。

  知道 20 世纪 90 年代的 VR 热潮及其收尾情况的那一代人，对于"虚拟现实"这一词语有很强的猜疑心。他们对于话题被炒热了而实际的商业形态没有形成的 3D（三维）电视仍然记忆犹新，所以他们对投资也持慎重的态度。万代南梦宫游艺公司负

责 VR 专门设备的小山顺一郎称这个时代为"VR 绝望时代"。

这一次的热潮与"第 1 次"有什么区别呢？从"第 1 次"那个年代开始一直从事 VR 研究的东京大学研究生院信息理工学系研究科教授广濑通孝认为："我觉得称 2016 年为'VR 元年'还是有些不妥的。把（20 世纪）90 年代的 VR 叫作'第 1 代'，现在的 VR 叫作'第 2 代'，即'VR 2.0'，这样比较自然一些。"接着，他列举了"第 1 代"和"第 2 代"之间的三个差别：①飞跃性进步的电脑能力；②围绕 VR 的"技术生态系"的构建；③ VR 的受众即消费者的理解度。

首先是电脑性能的提高。美国大型半导体企业——英特尔公司的共同创始人高登·摩尔提出了"摩尔法则"。根据该法则，半导体的性能会在 10 年间提升约 100 倍，在 20 年间会提升约 1 万倍。压倒性的量变往往会引起质变。可以说，20 年前用粗糙的图形勾画的 VR 和如今用高精细的图形勾画出的 VR，有可能在本质体验上就存在着不同。

第二个差别是技术生态系。几乎所有人的视线都集中在只是用于提供 VR 体验的硬件头盔显示器上。因此，在这个基础上的产业扩大是受到限制的，只要硬件厂商减少投资，热潮自然就会平息下来。另一方面，VR 2.0 是能够描绘超精细计算机动画（CG）的游戏引擎，它有能够传送大容量内容的高速通信基础设施，是普通消费者都能爽快地买下的 360 度眼镜。这些头盔显示器所没有的技术都在提高，因而产生了支撑 VR 的技术生态系，VR 产业化也在不断扩大。

接着是广濑通孝所说的最重要的第三个差别，VR 的受众即消费者的理解度，也就是"社会接受度"的提高。若要人们接受全新的技术或者服务，就必须对所能想到的风险进行讨论和说明，以此来得到消费者的理解和认同。在没有达到充分的社会接受度时就想推广新的技术或者服务，会受到意想不到的抵触。对于已经对移动式机器习以为常的一代人来说，他们对 VR 等数字媒体的接受度非常高。广濑通孝说："研究人员也说，对移动设备习以为常的 20 岁到 30 岁年纪的人与从第 1 代开始就一直从事 VR 研究的我们这一辈的人之间，存在恍如隔世般的隔膜。"

正因为大人们知晓过去的挫折，他们才会认为"热潮总会结束的"，从而保持着警惕之心。万代南梦宫游艺公司的小山顺一郎笑眯眯地说："没有实际经历过 90 年代 VR 热潮的十几岁或二十几岁的人，都很坦然地享受 VR。"VR 设施逐渐面向各个年龄层的体验者。年轻一代不知道 VR 的历史，怀揣着一颗坦然的心对待 VR。我们从他们身上看到了希望。

宝贵的原始体验

我希望，迄今为止一次都没有体验过 VR 的人能慎重地选择首次体验 VR 的内容。万代南梦宫游艺公司 VR 部门的人一直把"符合期待，超乎想象"挂在嘴边。我希望首次体验 VR 的时候就应该寻找这种能够切实地给人"符合期待，超乎想象"感觉的机会。

市面上的 VR 内容鱼龙混杂。冲上冲下的云霄飞车体验内容吸引了人们的目光，人们能在优兔（Youtube）和脸书网站上轻易地收看到 360 度影像。但是，像云霄飞车这种体验内容强制性地摇晃视线也成为"晕 VR"的原因。外行人用 360 度相机拍摄下来的影像没办法体现 VR 的真正厉害之处，也没有办法传达它的乐趣所在。不管怎么说，都与"符合期待，超乎想象"相差甚远，还极有可能留下心理阴影，以致对 VR 失望。

站在 VR 最前端的创造者和经营者异口同声地说"感受到了 VR 可能性"的体验内容，它们是可以用虚拟现实技术公司虚拟技术体验到的"玩具盒"（Toy Box，丹麦国宝级乐队），以及用宏达国际电子公司的"VIVE"体验到的"抬头刷"（Tilt Brush，一款 VR 的绘图应用）。

前者可以让相隔两地的人进入同一虚拟空间进行交流。两人可同时拍打沙袋，也可以一个人装沙袋，另一个人来打散。在虚拟空间里做的虽然是无所谓且无聊的一些小事，但不知为何仍能玩得不亦乐乎。虽然眼前看到的只是一个不知道是男是女的头像，但不可思议的是，能感觉到对方"真实存在"。很多人从Toy Box中感受到了VR时代切身体验交流的可能性。

后者是由美国谷歌公司开发的用VR绘画的软件。不是在平面的纸上，也不是在显示器屏幕上，而是在三次元的虚拟空间中绘画，这种体验与其说是绘画，不如说是雕刻更为确切。在VIVE头盔显示器特有的虚拟空间中可自由行走的"房间规模"功能的作用下，可以体验到与以往经历都不相同的全新艺术体验，由此诞生了一批自称为"VR艺术家"的艺术家。

尽管如此，无论是哪种形式，现阶段所能得到的体验机会都是有限的。如果身边有人有幸购买了Rift或VIVE头盔显示器，那还可以体验到；如果没有的话，想体验就很困难了。

从日本国内的销售数量和举办体验会的频率来看，对"PSVR"的体验仍处于摸索阶段，这一事实无可否认。PSVR与Rift、VIVE的区别就在于，它的内容是由索尼公司平台监理的。

索尼公司有技术能够使内容不腻味，让人留下宝贵的体验。对完成的内容，索尼公司会有专门的小组进行检查，以此来保证最低限度的内容质量。体验者可以安心地选择恐怖、动作或者射击等体验种类。一旦接触到最原本的部分，你也能亲身体会到VR的魅力。

向 MR（复合现实）进化

有一个跟 VR 很像的词语是 AR。它是"Augmented Reality"的简称，译为"增强现实"。

2016 年 7 月，手机游戏《精灵宝可梦 GO》在全世界范围内引发了一种社会现象，可以说正是因为这款游戏使得 AR 引起了人们的注意。将"皮卡丘""鲤鱼王"等精灵重叠在手机摄像头所拍摄的现实世界中，人们就会产生一种精灵出现在我们日常生活中的错觉。

在有了最先进的 AR 技术的前提下，有人会对使用便宜的替代品营造的 AR 产生抵触情绪。但是比起以前不知如何将 AR 安装到应用程序里的情形来说，倒也不失为一鼓作气提高这项技术知名度的一个不错的契机。

AR 的关键在于画像识别、空间识别的技术。比如，用智能相机拍下激光唱片（CD）的外表，画面上就会浮现出价格、发行日期之类详细的信息；女性站在穿衣镜前，镜子会把衣服的影像重叠在镜中人像上来进行试穿等。判断在影像的哪个部分显示别的影像，以及是否需要使用计算机动画的前提是需要很高的识别精度。

说起 AR，给人更多的感觉是在现实世界中追加一些东西，反过来也可能用"减法"除去现实世界中存在的东西。市面上有一种名为"消除实境"（Diminished Reality）的技术，要说它的功能，举个例子就可说明。比如，人们裸眼可以看到桌上放着一个咖啡杯，但透过相机看不到杯子。

顺带一提，市场上的话题很容易会变成"AR还为时过早"，其原因归结于2009年开始的(日本)顿智公司推出的"世界相机"。通过这款相机，人们能看到画面上出现名为"Air Tag"（航空标签）的追加信息。这一技术不是空间识别，而是利用了全球定位系统（GPS）的位置信息，在事先保存好的数据中选定需要的追加信息。它于2014年停止了服务。也有人说，最近的AR现场"到头来它的构思跟世界相机是一样的"。

我们对未来翘首以盼的，是VR、AR的最终形态MR（Mixed Reality，复合现实）。对MR的定义有些模糊不清，常见的说法是："无论是VR还是AR，目标都是MR，这两者只不过是采用不同的方式登上同一座山。"

如果MR得以实现，那么现实与虚拟之间的区别将不复存在。人们将区分不出现在所看到的世界中哪个部分是现实，哪个部分是计算机动画。就像AR能够做到增加或减少眼前看到的影像一样，MR会显示想看到的部分，删除不想看到的部分。人们能够完全置身于VR的空间中，但是一旦关闭计算机动画的显示，眼前又是原原本本的现实世界。MR甚至能够实现70%现实、30%虚拟这样精确的设置。也就是说，自己看到的世界跟别人看到的世界是不一样的。设备也会从现在的头盔显示器进化为小型的眼镜，甚至最后进化成隐形眼镜。想到被形容为"护目镜"等戴在头上的终端设备时，就会觉得好笑的时代将会来临。

人们进行取舍时，只看自己想看到的世界。这不是科学幻想，而是正在发生的事情。2016年，在有多年传统的《牛津英语词典》的"年度词汇"中收录了"post-truth"（后真相）这一单词。"VR元年"是超越现实而又拥有真实性的、虚拟开始侵蚀现实的一年。藤井直敬的预言"人们将不再关注什么是虚拟、什么是真实"将成为现实。

关键人物访谈之一：无所谓是真是假

——访盒子眼镜公司总经理、理化学研究所脑科学综合研究中心适应智力研究小组组长藤井直敬

藤井直敬出生于广岛，1991年毕业于东北大学医学部，于该校研究生院获得博士学位；1998年起，成为麻省理工学院研究员；2004年起，任理化学研究所脑科学综合研究中心的象征概念发展研究组副组长；2008年起，任该研究中心适应智力研究小组组长，研究主题是适应智力及阐明社会性脑机能；2012年起，开发SR系统；2014年创立盒子眼镜公司。他的妻子太田良惠子是盒子眼镜公司的联合创始人、首席运营官(COO)。他还担任VR国际财团的会长，著有《连接大脑》《社会脑入门——什么是社会脑》《扩张大脑》。

——**盒子眼镜是便宜且便捷的VR，因此受众面很广，最近又因为高性能的头盔显示器能够带来极高的代入体验而成为话题。**

"VR体验并不是一定要有代入感。体验高性能VR时，人

体脑内能自动将体验补充完整。在虚拟现实技术公司体验过 VR 后，再让他体验纸箱式盒子眼镜，他是不会在意视角狭窄、画质粗糙这些方面的。大部分人都说这个就已经不错了，今后就算没有头盔显示器也没关系。最近我看了垂直播放的 VR 影像，我觉得这就够了。体验 VR 是一种消化，体验者汲取内容中的故事片段，自己组合成一个完整的故事。这一点跟 VR 的代入感是毫不相干的。就像电影也是没有代入感的，但是人们能够消化它的故事。"

"当然我不是在否定代入感。给予体验者一种置身于另一个世界的感觉，作为表现方式来讲是存在的。但是，对人类来讲，就算没有代入感也能够充满期待地在大脑中幻想出面前不存在的东西。恐怖电影不是很恐怖吗？说 VR 的恐怖影像可怕的人应该也会觉得恐怖电影可怕。虽然我并不觉得 VR 的恐怖影像有多可怕。"

——为什么对 VR 感兴趣？

"人类的行为真的很不合理。有时候会想去了解为什么这件事是不合理的。如果是虚拟的话，就能按照人的心意设定空间，也可以消除不想看到的人。我想看看，这样一个时代来临的时候人类会有什么样的行为。"

——刚开始的时候不是叫 VR 吧?

"刚开始的时候我们称之为 SR[1]。我们了解到,只要实际拍摄的影像质量够好,人就会很轻易地被欺骗。我们发现,人类的认知比我们想象的情形更为随意,因此感觉到了 VR 的可能性。一般来说,VR 就是把人置于一个虚构出来的世界里。但是我认为,VR 本来的使用方法应该是不依赖头盔显示器,而是在现实空间中插入数字化的其他影像。"

"举个例子来说,我现在可能不在这里,然而你并没有发觉这一点。原因是你认为我就在这里。因为你能看到我,能跟我进行即时对话,所以你认为我就在这里并且深信不疑。试着接触一下你可能就会发现碰不到任何实体。但是你不会有碰触一下确认的念头。视觉上,看到某样东西存在于某个地方,那它就是在那里。"

——只要巧妙地插入数字化,人们就会分辨不出现实和虚拟的分界线了吧?

---

[1] SR,是 Substitutional Reality 的缩写。体验者戴上头盔显示器,设备投影出现实和过去混杂的影像。体验者分不清眼前所看到的是现实还是过去的影像。该项研究的目的在于了解当人们区别不出现实和过去时,会有什么样的想法和行为。

"研究人员是看准了这个社会10年后的样子而进行工作的。不这样的话,所从事的工作就没有意义。就在不久前,他们对头盔显示器很感兴趣,但是最近又说这个研究很无聊。现在又在思考怎样在现实空间里将信息进行重叠。他们已开始从AR的角度去考虑事物,尝试在空间中配置显示器,或者又用投影技术将所有地方都变成屏幕。你身后窗外的景色也有可能是影像。"

——那这跟代入感没有关系吗?

"当然无关。我们现在就处于现实当中。在现实中是无所谓有没有代入感的。我们对于现实世界已经了如指掌,知道现实世界中的物理现象不会超出我们的认知。举例来说,我现在把一个东西扔向地面,它就会落在地上与地面发生碰撞并发出声音。代入感这个词本身是有一个前提的,那就是处于虚拟空间中。"

——当现实和虚拟的分界线日渐消失,人类将会变成什么样?

"首先,人们看到东西就会通过触碰来确认是不是真实存在的。但是,刚刚触摸到的椅子也有可能在下一秒消失。这样的话,就会发展成无论什么东西每时每刻都要通过触碰来确认,可是人们不可能一直这么操作,就会在中途放弃确认。对自己来说,无所谓的东西就没必要去确认真假。我将这种思考是真是假的判断力称为'认知成本'。"

"与其过度使用认知成本,还不如忽略那些可有可无的东西。只将认知成本使用在必要的东西上。尝试着想象一下:在上班的路上,如果你每走一步都去确认脚下的地面是不是跟看到的一样是真实存在的话,那你在上班路上就已经筋疲力尽了。所以,应该放弃确认,相信它是真实存在的,并自由地迈步前进。这样的话,当虚拟和现实的区别消失的时候,人们感知事物的方式就会发生大变化。在未来,如果我们坚信在现实中不存在的事物存在的时候,我们感知事物的方式就会发生大变化。"

——会发生什么样的变化呢?

"我现在知道的还不是很详细。至少我们认知的方法会发生变化。首先,空间上的距离将会失去意义。比如说,我们现在所处的这个房间有可能位于非洲大陆,而身处福冈的人可以在一瞬间踏入这个房间。如果我们所体验过的内容在现在能鲜活得如同正在发生一样,那我们的时间观念也会发生变化。人类生存受时间和空间的限制,而这个限制会被解开。如果机器能够重现一个人的特征,活着的人就有可能跟已死去的人进行对话。比如再现已经去世的奶奶的特征,我们就可以跟她对话。由此,彼岸和此岸就会连接在一起,考虑事物的方式也会发生变化,这个世界上将不存在绝对。我感兴趣的是,到那个时候人们要怎么面对社会。"

——但是即使是这样，人们还是想分辨出哪些是虚假的吧？

"完美的假象还是相信比较好。你可以回想一下电影《黑客帝国》中塑造的那个背叛者。只要有想吃美味的牛排的念头时，他就会回到虚拟空间。你看像我这样的普通人，我就能吃牛排，但是他无论怎么抗争都没有办法。他会想为什么自己是'尼奥'。99%的人都认为虚拟空间很好。怀疑现实也不是一件好事。置身于令人身心愉悦的假象中的人，没有必要告诉他所处的世界是假象。"

"在 SR 实验中，我对体验者说'现在给你拍张照'，然后开始拍摄。其实跟体验者说话的是 3 年前保存下来的我的影像，但是被拍摄者并不知道。他就认为，刚刚藤井直敬先生给我拍了张照然后回去了。也有反过来的情形。有人指着站在他面前的我说'你是假的'。过度怀疑导致他判断错误，如果对他说'被你发现啦'，他就会高高兴兴地回去了。这不是很好吗？在他面前的我是真是假不是什么重要的事。日常生活中，大部分场景都是没必要知道其是真是假的，都是无所谓的事情。"

——VR 的进步会给人带来幸福吗？

"这个我没法下定论。但是如果从小到大完全是在虚拟空间中生活的话，就无须赘言了。在这种情况下长大的人，有可能没办法适应没有虚拟的现实世界。作为老一代人的思想，我认为在 10 岁之前需要让孩子经历没有虚拟的真实世界。然后需要进入第二个阶段，即用虚拟扩充现实世界，也就是类似于现代网络素养之类的'VR素养'。不久之后，所有的一切都会逐渐被规划成数字化。到那个时候，就有必要了解一下真实世界与数字化世界之间要如何交流。当然，到那个时候也有可能无须担心如何交流。"

——当一切都被包裹于虚拟世界时，存在创造出这个虚拟世界的人吧？

"当一切都是虚拟的时候，就取决于这个人想处在哪个世界中。理想的状态是，我站在能够控制虚拟世界的高度，一边享受没有虚拟的世界，同时也希望把虚拟当作现实的人在虚拟世界中能够得到快乐。受损与受益一目了然。"

"发展不可逆转。就算有人说'智能手机存在危害，需要废弃'，现实中也不可能废弃手机。我不知道VR会在哪里、用什么样的方式落实下来，但是现在人们已从中发现了巨大的商机,社会已经开始配置VR。未来2年内能看到发展方向，5年左右人们会认识到它的便利性，经过10年就会在工作中习以为常地运用VR。这样一来，社会的组织架构就会发生变化。在时间和空间都能进行视觉化控制的社会中，人们是怎么生活的呢？以前我觉得我什么时候死都没关系，但是现在我的想法改变了，我想看到未来，至少让我再活20年。"

第二章

追求"简便"
——索尼 VR 游戏机的挑战

1 热捧登场

如果我能变成别人，如果我能像鸟儿一样在天空中飞翔……谁都会怀揣梦想。

索尼互动娱乐公司出售的 PSVR，是一种体验虚拟现实并受到热捧的头盔显示器，它有可能让人们多年的梦想变成现实。

玩游戏时，需要连接历代销售额增长最快速的游戏机"PS4"，同时，捕捉头部动作的"游戏机相机"也是不可缺少的。这一套设备总额约为 9 万日元。是便宜还是昂贵，不同的人判断也不同，但是跟要准备 20 万 ~ 30 万日元才能买到手的中国台湾宏达国际电子公司的 VIVE 比起来，确实是一个称心的价格了。这也是 PSVR 成为受到热捧的头盔显示器的原因。

2016 年 10 月 13 日，索尼公司在银座 4 街（丁目）的直营店"索尼银座商店"里举办了 PSVR 首发销售纪念活动。

夏日的清晨，人们还能感受到一丝丝的凉意，然而店门口已经排起长龙，人们在等待开店。排在队伍最前面的男性顾客满面笑容地说:"我想早点儿玩到游戏,所以请了假来购买。"

广告电视台聘用的男演员山田孝之也来到了销售现场,活动盛况空前。索尼公司亚洲区董事长盛田厚对采访的媒体霸气地说道:"在VR世界里,你可以去任何地方,你可以变成任何人。VR是继电视之后的又一项革新技术。"

盛田厚是索尼公司创始人盛田昭夫的弟弟盛田和昭的儿子,即盛田昭夫的侄子。他平时的言谈举止给人一种温文尔雅的感觉,因而在活动当天的强势发言很引人瞩目。他的脸颊略微泛红,在场的人都能感受到他掩饰不住的高昂情绪。

预售分三次,分别于6月18日、7月23日和9月24日进行,每次都是预订满就停售。根据专业游戏杂志《电玩通》的调查结果显示,在日本国内,从首发日期起的两个多星期中,共售出PSVR约5.2万台。

12月17日,是该年内追加的最后一次销售日期,在东京秋叶原的"秋叶原多媒体"店,早上6点就派发完了所有的号码牌。姑且不论实际上会有不少人都是为了转手倒卖,但它的关注度是相当高的。当天,缺货状态一直持续。

2 项目名为"墨菲斯"

开端是两部智能手机

在参与PSVR上市纪念活动的媒体记者后面,有位男士一直关注着进行热情洋溢演说的盛田厚。他是负责索尼公司研究开发的副董事长三浦和夫。

在20世纪90年代,三浦和夫把从事电子机器制造服务(ENS)的大型企业中国台湾鸿海精密工业公司开发成了游戏机的制造承包商。鸿海精密工业公司在当时是刚着手制造电脑半成品的新兴企业。三浦和夫下决心把游戏机的制造事务委托给鸿海精密工业公司,实现了低成本的量产。鸿海精密工业公司董事长郭台铭及他的得力助手——就任夏普公司首席执行官的戴正吴——很信赖三浦和夫,因为他是最熟悉鸿海精密工业公司的日本人。

三浦和夫是主导PSVR开发者之一。当时他的脸上浮现出温柔的微笑,仿佛是在祝贺自己的孩子正在出人头地。

第二章 追求"简便"

东京品川"索尼城"三浦和夫的办公室里，排列着迄今为止索尼公司上市的所有游戏机及相关产品。其中，陈列着一台奇妙的设备。它是由两部智能手机横向排列组成且由两片镜片和螺栓固定的外形并不美观的设备。它是奇幻开始的测试机"PSVR1.0"。

测试机于 2010 年由自制游戏的索尼公司全球工作室伦敦分部的技术人员研发。使用方法是，用双手托起沉甸甸的设备主机，通过镜片望向镜片对面的液晶屏。这部简单的设备中手机的 6 轴感应器会检测倾斜等动作。设备虽小，但是通过镜片景物会被放大，确保了充分的视野角度。它所采用的提高代入感的构造跟之后的商品版本是一样的。眼前铺展开的是远处山峰的写实影像，动一下头部，影像也会跟着动。它具备了头盔显示器基本的构造。

全球商品企划部一科高桥泰生从对 PSVR 的开发还只是一个想法的时候就对其有了解。他在索尼公司的液晶部门积累了经验，经手了各式各样的显示器产品，对伦敦工作室的测试机心驰神往。他回忆说："当时面临很多实用化的技术性问题，但不是能不能做的问题，而是无论如何都必须攻克的技术问题。"

另一方面，三浦和夫虽然集结了一批好奇心旺盛的技术人员，但是他对 VR 仍旧持"半信半疑"的态度，并没有坚信 VR 有前景。

即使如此，三浦和夫还是同意了对 VR 的开发。当时他认为,"激发开发人员创造力的技术仍然存活"。

就算设计开发硬件的技术人员觉得这个项目很有趣,如果不能激发软件开发者的创造力,不能在内容上有新意的话,该项目最终就没办法获得收益。看了 PSVR 的测试机,公司的开发人员全都想制作新的内容。从他们的状态中,三浦和夫看到了 VR 的可能性。

对游戏机了如指掌的专业小组

在索尼公司,有一个自行研制出成功产品的开发小组——"全球工作室"。它成为游戏机开发"最初的消费者",也从软件的角度提出了改善点及追加功能的建议,是很可靠的伙伴。

PS4 的操控杆上有一个可用左手大拇指按下的"SHARE"按钮。其字面意思是,只要按一下就可以把玩游戏的视频共享到动画投稿网站上。在游戏火热的今天,增加了玩游戏方法的这个新功能,也是来源于精通软件的"全球工作室"的主意。"全球工作室集结了软件、硬件都精通的人才,是索尼公司制造方面的中流砥柱。"三浦和夫如此评价道。

不久,头盔显示器开发项目组与美国圣马特奥的开发人员进行了合作。2010 年,上市的"游戏机传感"动作控制器,戴在头上后会感知头部的动作。他们尝试和体验了这个感知的结构，并从家电博览会购入头部按摩仪做参考。一路曲曲折折，PSVR逐渐成型。

"你们要不要做做VR？"2012年年中，机器设计部四科科长荒木孝昌接受三浦和夫的命令，启动新项目，在欧美团队花费两年制成的头盔显示器原型的基础上，努力实现商品化。

不仅仅是荒木孝昌一个人，三浦和夫与索尼公司总部进行沟通，从公司里召集出首屈一指的几位成员。他将项目命名为"墨菲斯"。墨菲斯是希腊神话中的梦神，也是具有镇痛作用的"吗啡"的来源。"我们有好几个方案，最后全员一致通过了现在的方案。"三浦和夫说道。

荒木孝昌于1999年加入索尼计算机娱乐公司（现索尼互动娱乐公司）。

他在学生时代就热衷于再现计算机绘图影像手感的设备的研究，这也是VR的一个领域。他给人的印象是讲话慢吞吞的，你会认为他讲话慢是因为执着于使用标准的语言表达。他说他进索尼互动娱乐公司的理由是"我学习成绩差，其他公司不要我"，一本正经地说着半真半假的话。

他进公司后不久就负责"PS2"的热设计。这个项目追求的是高效率发散CPU（中央处理器）产生的热量并使其冷却。之后他参与了"PS3"DVD装入取出插槽的结构设计、周边机器的游戏机传感，以及"游戏机相机"等项目。

在入职招聘的面试中，他说他想从事与学生时代的研究课题相关的工作。面试官给他的是模棱两可的回答，实际上与他的理想相差非常大。虽说工作内容跟当初说好的不一样，但是他笑着说："当时我就做好了心理准备，工作就是这样的，所以也没有不满。"

当人们问三浦和夫为什么要选荒木孝昌负责头盔显示器产品市场化项目的启动工作时，他回答说："要研究未知的新课题，我选择灵活的工程师。"

将 VR 推广至上万人

荒木孝昌所追求的是，设计出无论谁都可以组装、可以持续玩下去，而且可以重复玩的头盔显示器。过大的机器戴在头上，肯定会有人产生抵触情绪；如果人们抗拒佩戴设备的话，那么对 VR 也就没办法推广了。

荒木孝昌说："我也跟他人沟通过，如果是这种佩戴方式的话，就会有人不喜欢。"研究头盔显示器的竞争对手基本上都采用橡皮筋紧紧地绑在头部左右两侧，将机器固定在眼睛周围，看上去类似护目镜。但是，他认为这种方式会让体验者有不适感，无法把精神集中在眼前的影像中。

事实上，确实有人不喜欢戴着这种护目镜型的终端设备。事前期望值越高，在第一次尝试时就越容易失望。如果一个人在这个体验中留下了心理阴影的话，他就有可能再也不想体验 VR 游戏。

我们规划的是电脑网络方式。设备戴在额头上，用发箍将它绑在后脑勺固定住。发箍利用装在内部的橡皮筋的弹性来系紧，但这样还是给人有佩戴着东西的感觉。如果觉得松了，转一下发箍上的刻度盘就可以实现松紧度的微调整。总的来说，装配的步骤很少，只要拉开发箍，戴在头上就可以了，没有必要进行细微的机器调整；如果习惯了的话，不到 10 秒就可以融入虚拟世界中。一位员工很自负地说："我不想被竞争对手用'护目镜'这个词来概括头盔显示器。"

● PSVR，即使初次玩游戏的人也能简单上手

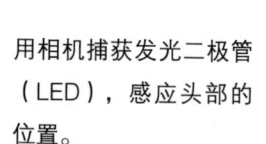

用相机捕获发光二极管（LED），感应头部的位置。

拉开发箍戴在头上。

覆盖在眼睛上的是柔软的橡胶材质，可以减轻压迫感。

后脑勺部分追加重量，是让人不容易疲劳的设计。

额头支撑机器，不绑住头部两侧。

转动刻度盘调整松紧度来固定。

对于眼睛周围的部分，我们使用柔软的橡皮垫，戴着的感觉就像黑幕遮挡住了外面的世界。虽说如果外界的光透进来的话会产生影响，但是只要眼前的显示器上投影出影像，体验者就不会在意。最重要的是，如果对眼睛没有压迫感的话，人更能集中注意力到影像中。

头箍算上追加的重物有几百克重。头盔显示器装载了有机发光电子板（EL）等电子零部件，头箍没有重量的话显示器重量就会集中在前方部分。重量都集中在一侧的话，头部就会下意识地调节平衡，这会给头部增加负担。因此，跟竞争对手的机种比起来，PSVR 本体的重量会稍微重一些。人们很容易会认为头盔显示器"越轻就越轻松"，而我们这种完全相反的、故意增加重量的方式，其实比起名字叫法来说，更注重实用性。

公司三分之一的员工都助力开发

光是选择显示器的镜头就花费了很多心思。"展现什么样的影像会让体验者感到惊奇？我们暗中摸索，想制造出与以往的掌上游戏机都不同的全新设备。"两只眼睛瞳孔之间的距离因人而异，这个距离被称为"瞳孔间距"（IPD，Inter Pupillary Distance）。有人会根据瞳孔间距来选择适合自己的眼镜，所以，如果镜头不能适应不同的瞳孔间距的话，有些人就有可能无法体验 VR。

虚拟现实技术公司与宏达国际电子公司的头盔显示器可以通过调节刻度盘的方式调整两只眼睛正对的显示器间的距离。它采用每只眼睛用一块镜片且安装两片有机发光嵌板的方式。

另一方面，我们的着力点是怎样节省 PSVR 体验者的工夫。因此，我们的设备上设有调整镜片或设备距离的结构（有通过软件测定瞳孔间距进行修正的功能）。在 1 片发光嵌板的正中间分开成两块，分别用来展示右眼用和左眼用的影像，其优点在于比用 2 片同样的嵌板更能控制成本。

研究这个课题的是索尼公司中开发单镜头相机的专家们。但是头盔显示器的镜头设计跟相机的镜头是不一样的。

比方说影像歪斜。镜头的中心点偏离、跑到边上就会造成影像歪斜。如果是相机的话，能够看到这个小而鲜明的歪斜的镜头就是好镜头。但是，荒木孝昌说："在头盔显示器中，不会重视有没有歪斜。"因为只要提前计算出镜头歪斜的程度，在显示器显示影像的时候，故意把需要的部分歪斜过来就能两相抵消了。

头盔显示器所追求的是芯的宽广度，即使中心点偏了，透过镜头看到的影像也是不会变的。芯越宽，就越能适应不同的瞳孔间距。当然，我们要生产的不是个人收藏品之类的相机，主要的用途还是家庭娱乐机器，所以成本很重要。

"我能量一下你的瞳孔间距吗？"项目成员在公司内见到瞳孔间距有点特殊的员工就会用尺子去量他的瞳孔间距，还会让间距宽的和间距窄的人戴一下试做机。这就是实际验证了。在开发最新的数字化机器时，也重复进行了这种模拟操作。最终整个公司大约 7 500 人中，有三分之一的人都协助了 PSVR 的开发。

墨菲斯第一次面世是在 2014 年 3 月。在美国旧金山举办的一年一度"游戏者开发大会"上，公布了它被开发成功的消息。

正因为在 2012 年 E3 游戏展（即电子娱乐展览）上，帕尔默·拉奇所引领的虚拟技术公司的头盔显示器已经成为话题，所以"SONY 加入 VR"这一新闻瞬间席卷了游戏行业。但也只是在行业内，社会上仍然没什么反响。公布第二天，将墨菲斯作为报道题材的是日本的主流新闻媒体《日本经济新闻》，但是它也仅用了 300 多字的篇幅来报道。如此少的数字，在之后掀起 VR 热时是完全想象不到的。

VR 是什么，能给人类的生活带来什么好处？墨菲斯要想使 VR 不局限于"技术宅"（游戏狂热者）们玩赏的游戏，引起广泛关注的话，就必须有"传教士"，将略有些难懂的技术用易懂的语言描述出来，并且在演讲会、座谈会或接受媒体采访时进行讲解。

3 异端的"传教士"

"喜欢游戏的 50 多岁的男性"

"它实现了我想进入游戏世界的梦想。"接受"传教士"这一职责的是全球工作室的吉田修平。他从软件方面促进了游戏机的诞生,是历史的见证人。

跟众多的业内人士一样,吉田修平也是天生的艺人,他会因为带给人们震惊、带给人们快乐而欣喜。2016 年春,在一场聚集了经典游戏的活动中,他玩 20 世纪 70 年代掀起过热潮的《太空侵略》游戏。当时,他接受了电视台的采访,并被记者描述为"喜欢游戏的 50 多岁的男性",是行业内的重要人物,这很快便在网络上成为话题。索尼公司相关人员听到他事后的汇报时大吃一惊,但他本人不以为意地笑道:"虽然当时想过,应该告诉他们,我是业内人士,然后拒绝他们的采访。但是,我觉得很有趣,就接受了采访。"

"游戏在高精细化的路上越走越远,代入感也在不断提高。尽管如此,无论怎么改善影像,都会因为电视画面和播放器是独立分开的而存在差异。VR消除了这个障碍,播放器能在游戏的各个画面中运转。能够发挥新硬件能力的游戏创造者拥有非常了不起的创造力。VR也会创造出超乎我们想象的内容。"

一说起VR,吉田修平就会开心得像刚刚收到新玩具的小孩一样。他跟才华横溢的开发者们一起钻研了20年,比谁都坚信VR拥有的力量。

1993年,索尼互动娱乐公司的新产品诞生。异端技术者久多良木健顶住议员的强烈反对,成为索尼音乐娱乐公司丸山茂雄的坚实后盾。

当时席卷游戏行业的是任天堂公司的"超级任天堂"游戏机。在当时厂家跟批发商强强联合的玩具行业里,有着相应的流通秩序,小型商店要销售任天堂公司的游戏机,就必须通过任天堂公司与相关流通领域内的同行业者组成"初心会",该行业整体上比较闭塞。

在这样的游戏行业背景下,索尼互动娱乐公司采用从索尼音乐进货的商业方式。

他们采用了一般音乐使用的只读光盘(CD-ROM)形式,运用三维(3D)多角形使得制作游戏新型表现方式成为可能。与以往的盒式只读内存(ROM)不同,该方式实现了小批量追加生产，像艺术家一样，把创造者置于首位进行宣传，由此诞生了很多明星开发商。除了已有的南梦宫和科乐美这两家公司外，还出现了很多新加入的企业。它们给游戏行业带来了新风气。

最新的硬件所实现的新型游戏表现形式，在投资者的投资和个人创造者发挥才智的情形下，VR世界也发生着跟游戏机诞生类似的现象。吉田修平兴奋地说："现在的发展状况有可能跟游戏机一样，也可能超过游戏机的发展水平。"

索尼 CEO 也抱有期待

"要充分活用团队的相机，以及摄影技术、内容制作能力、娱乐资产。"曾担任索尼互动娱乐公司总经理的现任索尼公司首席执行官平井一夫对 VR 抱有很高的期待。

平井一夫从就任首席执行官以来就一直重视"WOW！"这个标语。它的含义是，人们在遇到能将日常生活变得更丰富的新产品或服务时所表现出的惊讶，这与 PSVR 的概念一致。

在经受索尼公司管理层强烈反对的同时，平井一夫开展了与"索尼音乐"合作的"支流"——游戏事业。这一游戏事业不知不觉中成了索尼公司的顶梁柱。

2017 年 3 月，索尼公司的"游戏网络服务"事业部门的预期销售额为 1.64 万亿日元，营业利润为 1 350 亿日元。该销售额在索尼公司 9 个事业部中最高，营业利润也仅次于金融事业部（1 500 亿日元）的规模。而电视机、手机、电脑等电子产品的事业部仍在通过缩减成本来进行销售且各自为战。（以上所有数字都截至 2017 年 2 月）

2018 年 3 月，"游戏网络服务"更为活跃，销售额预计达到 1.8 万亿～1.9 万亿日元，利润率达到 8%～10%，由"支流"一跃成为最赚钱的项目。

有一个男人，他坚信 VR 的可能性，并时刻准备迎接社会上出现的狂热。他就是索尼公司的总裁安德鲁·豪斯。2016 年 10 月，在 PSVR 上市前，尽管收到了世界各地预售一空的消息，他还是将"我也不清楚到底有多少需求"这种慎重的姿态保持到了最后。

他出生于英国威尔比，非常喜欢橄榄球，从牛津大学毕业后移居（日本）仙台担任英语老师，有着出色的经历。他被索尼公司采用英语面试这一他认为具有"先进性"的做法所吸引，并决定加入索尼公司。入职后，他投身于当时还处于准备阶段的游戏机启动项目，以报道员的身份撰写了索尼互动娱乐公司成立及开发初代游戏机的新闻公告。

安德鲁·豪斯跟平井一夫在美国赴任时，属于前后辈关系，分别以"安迪"和"小和"称呼对方。之后，安德鲁·豪斯被同样出生于威尔比且是英国牛津大学前辈的霍华德·斯金格识中，担任索尼公司的首席营销官（CMO）。他凭借出色的语感和语言使用能力，在 2009 年潜心打造出"make.believe"的品牌形象。

"把握消费者的期待值是最重要的。"自 2016 年 3 月公布价格及上市日期等详细信息之后，安德鲁·豪斯一直重复这句话。从对他的报道及市场经验来看，VR 仍处于发展中阶段，并且他深知期望过高，失望也会越大。与强势的外表相反，他有着比任何人都明细的经营方针。他很擅长学习外国语言，骄傲于自己的"耳朵好"。那么，在他的耳朵里，VR 狂想曲呈现的是什么样的音色呢？

4 魔力价格"399"

实现 399 美元目标

"在新产品普及过程中,合适的价格是重要的因素,是非常重要的决断。"安德鲁·豪斯严肃地说了这句开场白。在他身后的屏幕上出现"399"这一数字的瞬间,在挤满会议室的新闻记者中爆发出欢呼声和掌声。关注这场记者会的索尼公司相关人员都露出了长吁一口气的表情。不知是不是心理作用,连现场沉闷的氛围都变得轻松了起来。

2016 年 3 月 15 日,天气晴朗。在美国旧金山市内的商业建筑"梅特隆"内,索尼公司公布了 PSVR 的价格和上市日期。与梅特隆仅隔一条街的是"莫斯康中心"。2007 年 1 月,美国苹果公司史蒂夫·乔布斯在这里发布了"iPhone",它是传说中的会展中心。

将 PSVR 视为核心产品的一个原因，是相比起虚拟现实技术公司或宏达国际电子公司的头盔显示器来说价格要便宜。索尼公司副总裁伊藤雅康表示："开发初期，我就一直有399美元这个念头。"当然，也不是说以销售为优先就要牺牲利润。因而他不忘补充道："在（单件产品）保持盈利的基础上，定价为399美元。"

"回顾游戏机的历史，399美元是推动游戏机普及的分界点。"伊藤雅康这样认为。将价格降到399美元能够加速游戏机的销售是经验之谈。因为定这个价格也没有明显的理由，所以公司内部都称"399"为"魔力价格"。

以2006年上市的PS3为例。当时定价为499美元，并没有像预想的那样普及开来。改变这一状况的是次年10月公布的定价为399美元的新型产品。2013年上市的PS4选择的是能够实现"399美元"价格的式样。虽说这是特殊例子，但是过了3年多，它还是历代持续销售速度最快的产品，这一实际成绩显示了魔法价格的威力。

在游戏商务中，游戏机的普及台数是抓住强有力标题的向心力。

只有游戏机卖得掉，软件厂家才会推出有吸引力的款式。有了有吸引力的款式才会推动游戏机销售。这样，普及台数就会增加——能够形成这种良性循环才是关键之所在。

苦于逆向发展的是任天堂公司的"WiiU"。它早于PS4，于2012年上市，但其游戏手柄跟与电视画面联动的新型游戏方式有冲突。如果软件不配套齐全的话，游戏机的销售就会拓展不开。到了2015年，当《喷射战士》大受欢迎时，WiiU就彻底跟不上时代了，不得不于2016年年末停产。

PSVR不仅仅指游戏机本体，它的构成类似于"安装（销售数量）=市场规模"。

● 主要头盔显示器比较

产品名称	VIVE	Rift
公司名称	宏达国际电子公司	虚拟现实技术公司
价格	10.7784 万日元	9.46 万日元
除本身之外必要的东西	个人电脑	个人电脑
头部跟踪	○	○
位置跟踪	○	○
操作与互动性	○	○
演示空间	○	×
生成频率	90Hz	90Hz
画面尺寸	1080×1200 2块	1080×1200 2块

	PSVR	Gear VR	HACOSCO
	索尼互动娱乐公司	韩国三星电子公司	盒子眼镜公司
	4.8578 万日元	1 万日元左右	1296 日元
	掌上游戏机 4、掌上游戏机相机	智能手机	智能手机
	○	○	△（有可能延迟）
	○	×	×
	○	×（仅侧面端子）	×
	×	×	×
	120Hz、90Hz	60Hz	—
	1920×1080	2560×1440	取决于智能手机的大小

梦已结束，现实开始

被新技术吸引的一大批研发者开始开发 VR 游戏。到 2016 年年中，出现了 50 多个作品。2017 年以后，为防止出现软件设计上的不足，公司要求开发的 PSVR 必须能在市场上营利。

预测 PSVR 的销路是很难的。它的主机 PS4 的累计销量在 2017 年 1 月突破 5 340 万台。问题就在于，购入了 PS4 的人中会购买 PSVR 的人占比有多少。

眼下，我们能发现 PSVR 的购买者仅限于一部分人——一直想接触最新游戏的核心玩家。在市场创新理论中，行动最快、充满冒险心理的"创新阶层"占整体的 2.5%。将这个理论应用于 2017 年 1 月的销售数量，能够计算出实际所需要的是 130 万台。顺便一提，这时仅次于"创新阶层"的受众群体是"勇赶潮流阶层"（占整体的 13.5%）。

据索尼公司公布的数据，截至 2017 年 2 月，PSVR 的销售数量是 91.5 万台，基本按计划推进。但是商店里实际上产品供不应求。过分慎重地估计需求会错失机会。索尼公司相关人员关于产出方面虽然闭口不言，但实际上是在加急提高生产能力。综合分析多方面的信息，可估计出他们的生产能力能够达到每月 20 万台。

如果是 PS4 的话，一旦成为人气软件，它的销售规模就能超过 1 000 万台。在这当中也存在一个疑问点，那就是在普及台数不满 100 万台的 PSVR 市场，各家游戏公司能承担多大的风险。

增加"卡拉 OK"实体店中的体验者人数，开拓将 VR 活用到产品设计中的 B2B（企业与企业间借助网络开展交易活动的商业模式）商务，就必须超越长期以来家庭用游戏机的范畴。

着眼于梦想和理想的时代已经过去。在相关人员的期待与不安中，VR 的现实开始了。2017 年 3 月，索尼公司新开设了以三浦和夫为首的基于位置信息的娱乐事业准备室，这也表明了他们的业务将不再仅限于家庭用的范畴。

5 扎克伯格预料中的男人

VR 时代从"游戏"开始

"VR 会变成'下一代计算平台'"。脸书公司创始人马克·扎克伯格是信奉 VR 未来的人之一。他预言 VR 会引起电脑历史的变革,会成为继智能手机之后的科技。2014 年,他用 20 亿美元收购了 VR 投资商虚拟现实技术公司,这在世界范围内引起了轰动。在社交网络服务行业,这个成为时代宠儿的男人做出的这个大胆的决定打响了 VR 时代的第一枪,拉开了 VR 时代的帷幕。

对某一项特定的技术具有强烈的兴趣且拥有知识和技术的人被称为"技术宅"。虚拟现实技术公司的创始人无疑是当之无愧的"技术宅"。

出生于美国加利福尼亚长海滩的帕尔默·拉奇,是一个狂热的个人电脑玩家。他将修理"iPhone"得来的钱一分不剩全都用于购买高性能电脑和显示装置,每天都在追求体验更高代入感的游戏。于是，他的这种追求使得他不再满足于通过显示装置来进行游戏，进而萌生出"想要进入游戏世界"的愿望。在知道 VR 运用于军队训练这件事之后，他通过拍卖的方式购入了一台头盔显示器。他试用的头盔显示器因为价格的原因视野很狭窄，延迟时间（显示的时间）也很长，而且很重。他的这次体验远远没达到他的期待。

从那一刻起，他就决心用自己的力量开发头盔显示器。2012年，他在众筹网站"Kickstarter"上募集了开发资金，并在著名游戏工程师约翰·卡马克的帮助下开始制作头盔显示器。这一过程在其他书籍中有详尽的记载，此处不再赘述。在 2014 年被脸书公司收购的时候，他的销售额几乎为 0。原因在于，原本他就没有出售过任何产品。从这一点就能看出，扎克伯格对于"技术宅"出于对游戏的热爱而引申出的产品元件的可能性持有多高的评价。正因如此，2017 年 3 月末，帕尔默从虚拟现实技术公司离职这一件事对相关人员造成了冲击。

历史家约翰·赫伊津哈认为，人类的本质就是所谓的"游戏的人"，提倡游戏本身就是人类文化的起源。VR 时代正是在游戏世界中爆发出的第一声啼哭。

不需要电脑的一体机

虚拟现实技术公司从 2016 年 3 月 28 日开始销售的"Rift",需要有高效处理能力的电脑来驱动。为了区别于手机与耳机组合起来的视听型"移动式 VR",它被称为"高端 VR"。虚拟现实技术公司与韩国三星电子公司有合作关系,其战略是在高端产品方面推出虚拟现实技术公司的"Rift",在移动式产品方面主推插入三星公司智能手机"Galaxy"(银河系)来使用的"Gear"(齿轮),以此来覆盖市场。由此可以推断出,"高端 VR"和"移动式 VR"所能体验的内容是有很大差别的。

2016 年 10 月,在圣荷塞举办的聚集了 VR 开发人员的"虚拟现实技术公司连接"会议上,扎克伯格强调说:"VR 设备的使用者是呈指数函数式增长的。我们的目标是用户数达到 10 亿人。"

他甚至还公开了介于"移动式 VR"和"高端 VR"之间的 VR 体验方式,即内部装有驱动设备不需要连接电脑的一体型设备。该设备被命名为"圣克鲁斯"。它所采用的是驱动设备配置在后脑勺部位,通过内置相机的空间识别功能定位的"由内向外"方式,取消了连接在头部和电脑之间的粗电源线,甚至取消了原本用于识别定位的相机。预计使它实现商品化还需要一段时间,但是人们对解决了现在"高端 VR"的弱点之后制造出来的一体机的期待在不断提高。

　　虚拟现实技术公司一直走在 VR 时代的前沿。从扎克伯格的认真程度就可知道，他将会成为今后 VR 时代的中心人物。

6 热潮已过了吗

能戴着走的 VR

在 2017 年年初市场销售的头盔显示器中，最具有独特功能的要数宏达国际电子公司的"VIVE"。它具有其他公司的头盔显示器所没有的，只要有 5 米见方的范围就可以在虚拟空间中自由走动这一特别"演示空间"体验。大多数人都认为，体验 VR 是坐在椅子上进行的，一旦体验 VR 从椅子上解放出来，就一下子变得更有吸引力。它所带来的冲击就是，一旦体验过在身体上拥有飞跃性、高自由度的演示空间之后，再去体验 VIVE 以外的头盔显示器时，就总会有一种缺了点什么的感觉。

你尝试着体验一下街上逐渐多起来的 VR 设施，或参加一下体验会，就知道 VIVE 人气有多高了。万代南梦宫公司于 2016 年 4 月起限定只开业半年的日本第一台 VR 设备"VR ZONE Project I can"（虚拟现实区体检，我能行），它所使用的就是

VIVE。在 VR 专门活动"Japan VR festival"（日本虚拟现实节）上也是 VR 的演示内容最引人注目。开发人员异口同声地说，选择它的理由是"演示空间"的创造性自由度。该设备强烈地激发起开发者的创造性。

进一步拓宽 VIVE 创造性范围，吸引人们眼球的是"VIVE trucker"（VIVE 卡车司机）。2017 年 1 月，在美国拉斯维加斯惯例举办的消费电子展（CES）上，宏达国际电子公司首次公布了"VIVE trucker"。它的形状就好像是以往的控制器顶端部分独立出来的样子，是只有手掌大小的设备。这款设备由多个红外线感应器组成，跟控制器一样，能够在虚拟空间里对特定的区域进行定位。

"我们已经将 VR 内容制作现场产生的需求进行了具体化。"说这句话的，是宏达国际电子公司的法人、VR 商务板块总指挥西川美优。设计者们为了限定脚的位置，在体验者所穿的拖鞋上装上控制器；为了感应门的开闭，在门板上悬挂了控制器。然而"VIVE trucker"能很简单地将所有的物体呈现在 VR 场景中。如果是用控制器已经做出来的内容，只要半天就可以替换到"trucker"上。

令人吃惊的是，"VIVE trucker"是 2016 年秋进行开发的。短短 3 个月内就能够在消费电子展上公开，并且开始向开发者无偿配发开发用的成套元件。说起宏达国际电子公司，它是世界上第一家开发出安卓系统终端的手机厂家。它的开发能力和预见能力都是公认的。

然而，在激烈的市场竞争中，支撑宏达国际电子公司发展势头的主干业务——智能手机业务——不得不缩小了规模。2015 年生产的台数及产值跟达到峰值的 2012 年相比，缩小了将近五分之一；生产台数跌到 1 000 万台，被生产台数为 2 亿～3 亿台的美国苹果公司及韩国三星电子公司远远甩在身后。在世界出货台数每年超过 13 亿台的巨大市场中，宏达国际电子公司已经完全被淹没在浪潮之中。

尽管如此，宏达国际电子公司对应世界性智能手机需求的生产能力仍在。竞争对手虚拟现实技术公司在 2016 年 3 月开始出货，之后不久就疲于应付量产；索尼公司也因产品供不应求而陷入持续缺货状态。在这种大环境下，宏达国际电子公司是唯一没有生产问题及存货不足问题的公司。

2016 年 7 月，宏达国际电子公司发布了以扶持 VR 投资为目的，与超过 30 家公司结成伙伴关系，并设立了 100 亿美元规模的投资资本这一消息。其意在通过 VR 一决胜负，以夺回霸权。

是否到了幻灭期

有人做出了"2017年，VR进入了'幻灭期'"的评论。根据将一般技术的普及阶段用波形显示的"技术成熟度曲线"来看，跨过黎明期迎来过度期待的峰值之后，期待就会急剧下降，幻灭期即将到来。也就是说，VR热在"PSVR"上市销售的2016年10月13日迎来了峰值之后，将会一下子迎来结束之日。

确实如此，新闻媒体所报道的关于VR的内容在减少。2017年2月，播放VIVE游戏的平台"Steam"发布了如下信息：在1 000多款VR游戏中，销售额超过25万美元的只有30款。有相关人员因觉得这个数字很少而灰心丧气。

但是，宏达国际电子公司的西川美优彻底地否定了"幻灭期到来"这一说法。她断言："即使是进入了2017年，VIVE的出货量也没有减少。只要看VIVE的出货状况就可以知道，并没有出现幻灭期的征兆。"西川美优毕业于东京大学法学部，做过与外资相关的信息工作，之后在美国取得了工商管理硕士（MBA）学位。然而，与精英层格格不入的是，她自称"核心玩家"，留学之后进入史克威尔艾尼克斯公司工作。在那里，她第一次见到了还在开发阶段的VIVE。虽然周围的人对VR都抱有怀疑的态度，但是她希望能从事该方面的工作。于是，她跳槽到美国超威半导体制造公司（AMD），后于2016年秋进入宏达国际电子公司。西川美优还是 VR 的信奉者之一。

　　头盔显示器技术还未成熟，但是就在这一时间点发生了新技术革新。所有人都在期待能够出现无线的、一体型的、12 岁或 13 岁以下的儿童也能体验的设备。每次攻克一个难关，VR 的应用范围就会更宽广，可能性就会更巨大。虽说它的市场还不足以称为"金矿脉"，但是说它进入幻灭期还为时过早。

关键人物访谈之二：技术已满足开发者的创造力

——访索尼互动娱乐公司全球工作室总裁吉田修平

吉田修平，1986 年毕业于京都大学经济学部，后入职于索尼公司；1993 年，作为成员之一设立了索尼电脑娱乐公司（SCE，现索尼互动娱乐公司），从事适用于"掌上游戏机"的游戏软件制作；2008 年就任于索尼互动娱乐公司的制作部门——全球工作室；参与设计过《战神》《神秘海域》游戏系列；起到"PSVR"技术传播者的作用，致力于行业整体地位的提升和信息共享。

——VR 出现之后游戏发生了什么变化？

"VR 游戏的特征在于登场角色的存在感。像万代南梦宫的《夏日课堂》一样，玩家进入游戏世界中，游戏里的角色也能感知到玩家的存在，能知道玩家在哪里，玩家在看什么。比如说，玩家如果东张西望，游戏角色就会生气地说：'你在听我说话吗？'

类似这样的设定，不管怎么看都是计算机动画。但是，从举动和反应来看，我们就觉得对方是真正的人类，甚至有男孩在跟《夏日课堂》里的女孩说话时会紧张得不知所措。数字化角色的存在感，是能够唤起人们特别感情的很好的例子。"

——我们能体验到迄今为止我们在电视游戏中没能体会到的一些东西吗？

"迄今为止的电视游戏，是人在电视机的外面，游戏里的角色不会感知到玩家正在做什么。玩家在游戏的外面，只是轻松地看着电视而已。在电视游戏 30 多年的历史中，游戏画面从二维（2D）变到三维（3D），不断地引入新技术，追加在线功能，进行可移动式改造等。但是再怎么发展，玩家跟游戏之间一直存在隔阂，游戏世界在显示屏的另一侧，玩家靠着自己脑补进行游戏。而 VR 是让玩家进入游戏的世界中，这是游戏创造者一直想做的事情。这个事情终于做到了，梦想实现了。技术已满足创造者的创造力。"

——今后会制作出什么样的游戏呢？

"VR 游戏最重要的一点是努力使游戏让人有'就在那里''我在游戏的世界里'这样的感觉。这种感觉被称为'存在感'。游戏性排在第二位。也可能不需要游戏性，但只要存在感，只是享受在那种情况下的体验就足够了。之前我们也考虑过制作用枪砰砰射击的游戏,结果发现并不需要这样的游戏。好好地看一看并体验一下虚拟空间就够了。所以,即使你不是 VR 游戏玩家,也能体会到其中的乐趣。"

——什么样的人会买 PSVR?

"对于 PSVR,只要有 PS4 就能玩。不需要跟游戏玩家一样拥有游戏专用电脑。当然,PSVR 最初是从游戏玩家之间推广起来的,但是 VR 比起游戏机来说更是一种新的媒体。我认为,在未来能够使用 VR 的领域是无穷无尽的。VR 原本就是从一开始应用于军事训练或者外科手术等非常危险场合下进行模拟体验发展而来的,最近也用于观赏观光地的风景、新建筑物在建造前的模拟实验等场合。汽车厂家会多次制造与实物等大的模型,用来进行设计的破坏性试验,如果活用 VR 的话,将会大幅度降低成本。它能应用到无数的领域中。"

——有没有能用智能手机玩的 VR?

"现在,使用个人电脑的美国虚拟现实公司、中国台湾宏达国际电子公司,使用智能手机的美国谷歌公司、韩国三星电子公司,以及使用 PS4 的 PSVR,都在同时进行开发并齐头并进。确实,使用手机的可移动式 VR 更为便捷,移动式 VR 的普及是有可能的。只是，如果佩戴着可移动VR，就看不到周围的环境了，所以VR不能边走边玩。最终还是坐在一个安全的地方来玩。比起可移动式这一说法，也许'可携带'这种表达方式更为贴切。像PSVR这种高端的VR，它需要有电源线来连接PS4、电脑及头盔显示器，在使用的时候有可能会被电源线卷住或者绊倒。不知道这个在将来能不能变为像手机一样无线的。在1秒内切换120张影像的高端VR，其信息量是非常大的，在此领域，现在的通信技术还存在一定的制约。由此，我们面前就有两种选择：一是无线的、能够走来走去的设备；另一是有电源线连着但能更深度进行体验的设备。索尼公司是在家庭用游戏机的基础上进行开发制造的，保证无论是谁都能轻松地享受这一点是非常重要的。我的这个想法在未来也是不会改变的。"

——PSVR除了PS4之外，能适用于电脑吗？

"现在我们还没有这个计划。索尼公司除了PS4和PSVR这些硬件之外，硬件上搭载的操作系统（OS）也是公司自己开发的。去繁留简，因为是特别定制的，所以各方面都很协调，也就做出了高品质的VR系统。即使能够适用于电脑，我们也很难保证优质的体验，并且有虚拟现实公司和宏达国际电子公司在，我们也不需要特意去做成适用电脑的PSVR。当然，电脑有着在业务等方面很容易推广开来的优点，但是，PSVR跟虚拟现实公司和宏达国际电子公司不是互相竞争的关系,而是在不同的领域将VR进行实用化的同伴。从技术层面来讲是竞争对手,但是我们想推广VR的心情是一样的。"

——作为新媒体的VR会推广开来吗?

"从数量上来说,应该是移动式VR数量居多。不过,虽说中央处理器和图形处理器的性能在提高,但智能手机的性能还是比较低的。有时候即使严格管理操作系统,也有可能达不到预期的表现效果,实际测出的数值远低于个人电脑等设备。简单的内容,比方说复播全景视频这一用途就能推广开来。拍摄全景视频的公司目标是移动式VR。已经有公司打算在优兔网站上播放全景视频。在VR影像中,有放置在叙利亚难民避难所的相机拍摄到的内容。难民面对着相机说话,体验这个VR内容的人就仿佛身在避难所跟难民面对面说话,比电视或新闻更能让看的人有身临其境之感。电影导演克里斯·米尔克称VR为能够引起人共鸣的'感情移入机器'。有一个词叫'Immersive Journalism'(沉浸式新闻),VR会成为更有冲击力的媒体。"

——利用VR进行交流的社交VR也成了人们的话题,对吧?

"这是非常引人注目的一个领域。美国脸书公司就是预测在将来VR会成为人与人之间交流的重要技术，所以才收购了虚拟现实技术公司。在这种VR技术中，即使跟朋友相隔很远，也能有仿佛就在眼前的感觉。PSVR也开发了交流软件在活动上供人体验，收获了很多好评。他甚至开始考虑向购买了PSVR的用户发送测试服务。举例说，在游戏对战前，在线上聊天室里跟同伴聊聊天、讨论讨论作战之类的。"

——凭借手机游戏获得成功的公司，有很多开始从事VR产业。

"2016年3月在虚拟现实技术公司上市头盔显示器时，科洛普尔公司一次性公布了两部作品。一家公司公布两部作品是世界上唯一的壮举了。他们制作了卡普空及万代南梦宫公司做不出来的游戏。格力公司的荒木英士希望体现出用VR进行社交沟通的优点。在试做抽鬼牌游戏时，他认为偷看旁边人的牌，或者遮好牌不让别人看到，这种一来一往是最有趣的地方。电视游戏达不到这种自由度却硬把这个游戏保留。所以他想挖掘出这种只有VR才能体会到的乐趣。万代南梦宫公司的原田胜弘兴致勃勃地要将与数字角色进行交流的乐趣变为现实。能够跟女高中生进行对话的《夏日课堂》就是这样的游戏。我很高兴能够看到各种各样不同背景的公司加入VR行业里来。比起执着于游戏性，考虑一些有难度的问题，我希望首先要去尝试。影像是不是好看不是最重要的，最重要的是玩的人能够得到什么样的体验。最近出现了'虚幻引擎''Unity'等游戏引擎，即使是个人，当然包括学生也能够制作游戏。"

——VR 普及存在障碍吗？

"不去体验的话什么都不知道。电影在宽阔的广场上播放给几千个人看，它的精彩之处可以同时传达给几千个人，但是 VR 只能一个人一个人传达。在体验活动上，一次性也只能供几百个人体验。还有一个障碍是'晕 VR'。你的视觉和听觉会被 VR 侵占，产生一种身处于不同世界的错觉，眼前的影像和身体的感受有差异，会产生不适。我们可以举加速这个例子，如果只是影像在加速，人体的三个半规管什么都没有感觉到就会想吐。这种时候就需要一种技术能够从停止状态一下子加速到最快速度，不仅仅要准备优质的 VR 系统，内容方面也要制作出优质的体验。索尼公司正在进行 VR 内容制作方面的技术共享及制作支援。"

——通过 PSVR 的上市，VR 终于开始发展起来了。

"一直都对 VR 抱有强烈兴趣的业内人士都聚集起来，气氛很热烈。当时很高兴，但是结束之后又像哪里的祭祀结束之后一样冷清寂寞。不过，接下来才是正式开始。"

第三章

发现"VR 共鸣力量"的差距

——建造"日本首个"专用设施的万代南梦宫

1 再见，100 日元商务

日本首个专用设施

电视游戏的历史起源于街机。1983 年，日本出现了"家用电脑"，1994 年出现了"掌上游戏机"，"游戏中心"的高品质游戏在家庭中普及开来。2000 年，随着手机的普及，玩家随时随地都可以在手掌上玩游戏。

VR 同样在进化，很多人都这么认为。

最先投入 VR 的是万代南梦宫娱乐公司。东京台场的商业建筑"东京台场购物广场"里，每到双休日就会有很多情侣或外国游客前来，很热闹。在楼层的一角，万代南梦宫娱乐公司设立了日本首个 VR 专用设施"VR ZONE Project I Can"。它的标语是"来大闹一场吧"，营业时间为 2016 年 4 月 15 日至 10 月 10 日每天上午 10 点至晚上 9 点，每 90 分钟一轮制，所以要提前在官方网站上预约。采用时间限定的方式是为了验证 VR 设施的运营技术及事业可能性，它的定位是实证。

这样的 VR，在日本国内还是首个。VR ZONE 吸引了媒体的目光，但这并不足以证明这一新事业发展前景良好。开业前一天晚上，熊本市遭遇了里氏 7 级的大地震。次日，也就是 15 日，电视上的报道清一色是"熊本地震"。庆祝 VR ZONE 开业的新闻被删除，提前拍摄好的录像也被雪藏。

尽管如此，VR ZONE 从开店开始连续几天都客满，算是开业贺礼了。来店里的大多数顾客是情侣，40% 是 20 来岁的年轻人。也有很多外国人到店里来，但听说是"预约制"之后都瞪圆了眼。不仅仅是普通的客人，美国虚拟现实公司的创始人帕尔默·拉奇及索尼公司 VR 传道师吉田修平等业内相关人员也悄悄造访。甚至有经营者鼓励自己的员工"如果想做 VR 生意的话，就去 VR ZONE 看看"。6 个月内，到店人数合计超过 3.7 万人。由此可知 VR 受关注度之高。

"恐高 SHOW"能让人体验行走在高楼大厦上距离地面 200 米处延伸板上时的恐惧感；"竞技滑雪"能体验陡坡上的滑雪；"逃出病房 Ω（omiga）"是需要 2～4 人合作才能从废墟中的病房逃出来的恐怖游戏……店铺开张时准备了 6 种 VR 活动。店内售有万代南梦宫娱乐公司发行的电子货币"BANA COIN"（巴纳币），需要兑换电子钱来支付使用设备的费用，一次费用在 700～1 000 日元。时任 AM 事业部企划开发第一部的总经理柳下邦久回忆说:"这个价格是连董事也难接受的高价。"

摆脱"100 日元"

柳下邦久执着于制定一个大胆的价格,想从一成不变的游戏中心商务模式中脱离出来。

从 1970 年的"太空侵略者"开始,迄今为止游戏界的主流仍然是游戏中心的街机那种使用 100 日元的游戏方式。价格以 100 日元为单位或涨或跌,因此,并没有进行消费税增税部分的价格转嫁及根据供需灵活变动价格而制定市场对策。最近有太东公司等开始导入电子货币,但是从整体上来看,采用这种方式的店铺只有少数几家。也可以认为很多游戏中心的老板挤不出这笔钱来导入识别电子货币的机器和系统。根据日本娱乐产业协会的调查,2014 年度的游戏中心店铺的销售额与街机合计的市场规模为 5 833 亿日元,相较于 2010 年减少了 3 000 亿日元以上。

生产街机的最大公司万代南梦宫娱乐公司也遭受了市场萎缩的正面冲击。直接经手街机的 AM 事业部在 2016 年 3 月共计亏损了几十亿日元。公司被迫进行了根本性的改革,从执行董事到事业部部长等经营管理人员全部换上新面孔,并果断地进行了

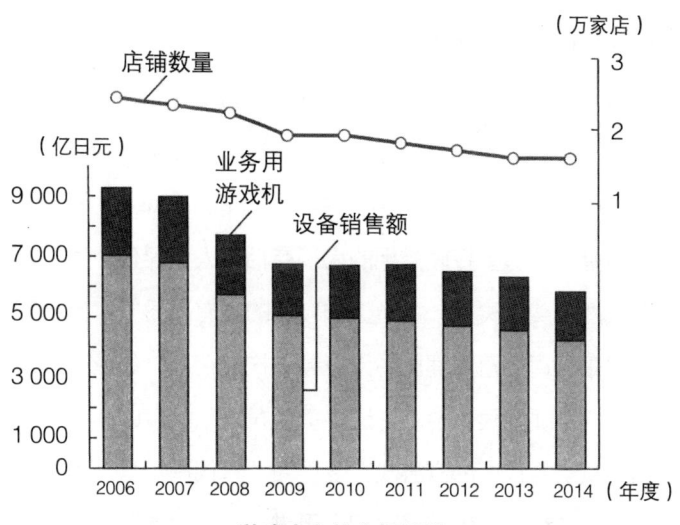

游戏中心的市场规模

（图表说明：纵轴左为亿日元，纵轴右为万家店；包含店铺数量、业务用游戏机、设备销售额数据，年份2006—2014）

组织重组。万代南梦宫控股集团总裁田口三昭反省道："在用户的游戏选择不断增多的状态下，在与市场流行趋势一致的开发及拓展新顾客这些方面，我们的行动太迟了。"

"游戏中心接下去依旧保持原样真的好吗？我们有了很强的危机感。" 2015 年年中，察觉到 AM 事业部急刹车的柳下邦久和小山顺一郎将目光投向了 VR。但是对于面临市场萎缩以至于存续下去都很危险的 AM 事业部来说，他们清楚地知道，他们没有多余的经营资源投入这种一无所知且不可预测的新型事业当中。

"只有这个办法了。"柳下邦久依靠的，是总裁大下聪掌酌后挪用的发展资金，俗称"大下资金"。

　　大下聪在拉动了万代塑料模型玩具"高达"的销售的同时，也开始将"高达"形象应用到之后的游戏和影像当中。同时大下聪又担任 1999 年上市的可携带型游戏机"WonderSwan"的事业责任人。他是一个勇于打破常规的人，有相关人员评价他为"人品好，有威严，头脑灵光，具备工作应有的所有品质"，他是万代南梦宫娱乐公司经营管理层中大首领一样的存在。最近，大下聪鼓励员工"不要局限于游戏，还要享受娱乐"。2015 年 4 月，他将公司名从"万代南梦宫游戏"变更为"万代南梦宫娱乐"，也是寄希望于"公司突破游戏框架有更进一步的发展"。对于为突破游戏中心的界限而进行的 VR 尝试，大下聪也热情地投入其中。

　　为了消除人们对其游戏中心的印象，VR ZONE 特意突破游戏中心的常识。内部装潢一律采用大人喜欢的单调颜色，每一种内容不称为"VR 游戏"，而是称为"VR 活动"。男性工作人员身着白衣，让人联想到研究室的助手。他们在店里通过摆摆桌子之类的活动，营造出轻松闲适的氛围。人们对于游戏中心，有着通过大音响响彻店内来让那些徘徊的年轻人打发时光这样的偏见。VR ZONE 随即特意隔绝了这种环境。VR ZONE 不是"下一个时代的游戏中心"，而是"下一个时代的主题公园"，这种说法比较贴切。

　　虽然柳下邦久压下了董事们对定价的反对意见，但是他坦言，其实他内心也在打鼓。他一直在担心"这个价格会不会太高了"。不过，一旦真正开始实施，就会发现这只不过是杞人忧天。在娱乐行业，据说有一堵每小时 1 000 日元的壁垒。卡拉 OK 及电影、保龄球是代表性例子。VR ZONE 每位客人的人均单价约为 3 000 日元，换算到 1 小时就是 2 000 日元，轻松打破 1 000 日元的壁垒。

"因为没有比较对象，所以没法判断是贵还是便宜。"扮演 VR ZONE "小山所长"的小山顺一郎如是分析道。他还分析道：人们会意识到人生首次经历的 VR 体验，跟看电影、打保龄球是完全不一样的全新体验。所以，使用者对制定的价格是贵还是便宜，也没有判断标准。

关键是 VR 的共鸣

现场接待顾客的工作人员通过事前交代"注意事项"等高效的方式让体验者掌握诀窍。刚开始营业时，每 90 分钟会聚集 20 位顾客，最后增加到超过 40 人。柳下邦久说："有时候会增加事前说明。"对于体验者化身为机器人的驾驶员击落攻过来的敌人的游戏"ARGYLE SHIFT"，在开始体验前会增加说明游戏故事的时间，是为了让体验者更深地融入游戏世界。

一直待在 VR ZONE 店里的小山顺一郎脑海里冒出一个疑问：为什么有的人在 VR 空间中有身临其境的忘我状态，而有的人从头到尾都保持冷静？

他从一位从事高空作业的男士身上得到了启发并找到了答案。本应该在日常高空作业中习惯了高处的这位男士，在"恐高 SHOW"中看到距离地面 200 米的情形时，一下子就把戴着的护目镜式机器摘了下来。因为恐惧，他一步都迈不开。

小山顺一郎认为，"越是知道现实世界中该事物本来面貌的人越会被 VR 欺骗"。高空作业者是深知高处恐怖之处的专业人员，所以才会区分不出 VR 再现的离地 200 米的"假景色"。小山顺一郎把 VR 体验能够勾起人们在现实世界中的切身体验的能力称为"VR 共鸣"。他说："VR 共鸣越高的人，越能纯粹地体会到 VR 的乐趣。怀疑事物，分析 VR 中发生的事情，受理性驱使的人不怎么能体会到 VR 的乐趣。"他还说："以安静的方式表达感动并以之为美德的日本人，总的来说产生共鸣的可能性比较低。"

那么，VR 共鸣低的人怎么办呢？他们是不是享受不到 VR 带来的乐趣了呢？"只要施加一个魔法就可以了。"小山顺一郎像个调皮的孩子一样微笑着说。

小山顺一郎给我们看的，是拍摄体验 2016 年 8 月 26 日追加的 VR 活动"高达 VR 台场强袭"的体验者的视频。第一位体验

● 能让真正的高空作业者无法动弹的超真实离地 200 米再现

活动名称	体验费用（巴纳币）	内容
恐高体验	930（1 000 日元）	救下离地 200 米行走着的小猫
逃出病房 Ω	744（800 日元）	最多 4 人合作，从废墟中的病房逃离恐怖
火车达人	651（700 日元）	成为日本铁路公司山手线的驾驶员，运行电车
菱形变换	651（700 日元）	跟少女一起坐在巨大机器人的驾驶舱里
真实驾驶	651（700 日元）	实际坐在车上的驾驶体验，使用半圆形屏幕
竞技滑雪	651（700 日元）	从断壁悬崖上急速俯冲而下的滑雪体验
最大电压	930（1 000 日元）	能感受超级明星的心情
装甲骑兵波特姆斯	651（700 日元）	体验 1 对 1 机器人作战
高达 VR 台场强袭	930（1000 日元）	紧紧抓住机动战士高达的手

者东张西望,很平淡地完成了整个体验;第二位体验者与之形成鲜明的对比,一边"啊""哇"地尖叫着,一边拼命地抓着做成高达手掌形状的椅子。

"第二位体验者,在游戏前我们仔细地告诉他,出现扎古(虚拟游戏兵器)时会被枪击,有水泥块飞散开来时就是有事情发生。"

接下来在 VR 里会发生什么,会有什么样的体验,听了这样的情节提示之后,体验者会想象在 VR 里将要发生的事。这种想象会弥补 VR 共鸣不足之处,让体验者在大脑内做好运动准备,也就是打下接受 VR 的基础。"VR 体验超乎想象。与想象之间的差距就会变成吃惊。"以往的游戏,提前透露情节是禁忌,游戏提供方更不可能提前透露情节,然而这个禁忌在 VR 体验中反而是能够享受其中乐趣的关键。

2 存活着的南梦宫基因

成功制造商

业内相关人士都说 VR ZONE 里有"VR 的最尖端技术",对它的评价很高。虚拟空间结合体感游戏这种组合能让人享受丰富的 VR 体验,这在世界上别的地方都是没有的。支撑其成功的,是分布在万代南梦宫团队里的"南梦宫基因"。

"我想让普通人也能体验到 VR。"VR ZONE 的提案人是 AM 事业部的执行制作人小山顺一郎。他从旧南梦宫时代开始一直经手应用于业务的游戏开发,他是将《机动战士高达》《战场的羁绊》及《偶像大师》等游戏推上市的成功制造商。他给人的印象是,有独特风趣的说话方式,公司内外有很多关注者。在 VR ZONE,他穿着白衣,自称"小山所长"。在他旁边的是南梦宫出身的田宫幸春。田宫幸春毕业于东京大学工学部,擅长变戏法,喜欢让人吓一跳。田宫幸春被小山顺一郎的想法吸引,基本的工作模式就变为东奔西走，欲将小山顺一郎的想法变成现实。由此，小山顺一郎、田宫幸春这对搭档受到采访及演讲会等各方面人员的争抢，沉着冷静的田宫幸春牵制着随心所欲的小山顺一郎所长，两人互相指引方向，就好像是熟练的"漫才"夫妻。

VR ZONE 项目于 2015 年初夏启动。小山顺一郎把活动制作交给子公司万代南梦宫工作室。该工作室 2012 年从万代南梦宫游戏（现万代南梦宫娱乐）公司中分离出来，是有 1 000 人的开发团队。担任总裁的是 1994 年崭露头角的南梦宫 3D 格斗游戏《铁拳》的制作人中谷始。这是一个以门前仲町（位于东京都江东区）涩泽仓库公司的仓库遗址为根据地改建的办公室，是纯粹的技术人员团体。造访该办公室时，活跃于矢口渡（位于东京都大田区）的旧南梦宫总公司樱花色的迎客机器人"接待小町"就会出来迎接。这是令人怀念的"吃豆人"游戏机，各个方面都显示着很浓烈的南梦宫色彩。

"有共同语言的人聚集到了一起。"小山顺一郎寻求万代南梦宫工作室旧识的帮助，因为他们都是数一数二的精锐开发人员。无论如何，时间不多了，因为当初设定的目标是：VR ZONE 于 2016 年 2 月开业——留给开发的时间不到半年。开发团队聚集了精锐人员，没有探索的时间，大家硬着头皮一鼓作气开始了活动制作。柳下邦久非常钦佩地说："如果没有工作室的创作者们，时间上就来不及了。"

以往，小山顺一郎及其团队制作的游戏机，按行业标准，在新产品开发上有1～2年的较长时间。而此次，在上市前几个月，在游戏中心仅仅花了几天时间进行测试，找出需要改善的地方不断加以改进，做出了最后的成品。一边使用，一边重复地进行操作，不断地改善机器，这样实践出来的VR ZONE简直就像是实验品。虽然打着"实证实验"的名目，但它实际上是脱离了游戏机常识的事业。

领导万代南梦宫娱乐AM事业部的董事浅沼诚说："长期以来的游戏机，是否应当更重视一下速度？首先让消费者试玩，我们一边观察他们的反应一边重新制作，这种方式比较好。游戏连网是再正常不过的事情，它已经具备了数据更新的环境。"浅沼诚有着把手机游戏运营成收益最多项目的经验，在缜密分析手机游戏利用情况的同时，还把每天改良已发布的软件作为理所应当的事。慢工出细活。手机游戏的速度感在游戏机行业刮起了一阵新风。

就像是同学聚会

内容在制作当中，但店铺选址事宜迟迟得不到解决。小山顺一郎找到的地方有新宿黄金街附近的地下室、涩谷样式奇怪的混杂大楼、白金的闲静的住宅……结果，小山顺一郎苦笑着说："就是找不到 500 平方米左右的空置场所。"尽管他是游戏机开发的专业人员，但对于开发店铺毫无经验，只能束手无策。

小山顺一郎和柳下邦久直接找到运营游戏中心的南梦宫公司的总裁荻原仁请求帮助。荻原仁于 2014 年任南梦宫公司总裁，他推进了建设逃脱游戏专门店"迷之咖啡馆"及动漫主题曲与饮食相结合的"Ani ON STATION"等新兴产业形态。他对游戏中心的商业危机感比旁人强一倍，对 VR 主题公园给予了两种答复作为开业支援。

南梦宫与十河团队合并。十河俊治带领的团队曾经成功地在神奈川县海老名市建造了室内型休闲娱乐设施"海之子"。做饼还需做饼人。十河团队在东京台场购物广场找到了空置的好地方。他们在馆外竖立了一个"机动战士高达"的等身立像。这样"跟经营干部也好交代"，柳下邦久喜出望外。之后，旧南梦宫从事主题公园事业及标签打印机的长田隆一等、参与 VR ZONE 开发的专业人员一个接一个地聚集过来。就这样，万代南梦宫公司分布在各地的旧南梦宫精锐人员一个个聚集起来，就好像是开南梦宫同学会。

南梦宫公司的创始人是中村雅哉。他放弃了制造空气枪零件的家业，于 1995 年成立了中村制作公司。当时，他的灵感来源于设置在横滨市伊势佐木町"松屋百货店"的屋顶平台上的玩 1

次 5 日元的"自动木马"玩具。这个地方是在当时 20 多岁和 30 多岁人群中很有人气的二重唱组合"柚子"出道前,在街上现场练习唱歌的被称为"圣地"的地方。这样一说大家应该就知道了。现在松屋百货店已经不在了,在旧址上建起了商业设施"卡特利亚广场伊势佐木"。

太东于 1973 年发布了日本首个业务用游戏机"Elepon"。中村雅哉从中受到启发,看到了家用游戏机巨大的可能性,次年收购了美国计算机游戏企业雅达利(Atari)公司的日本公司,从此加入了家用游戏机事业。该收购花费金额约为当时资本金的两倍,是一场豪赌。1978 年,太东推出的"太空侵略战"掀起了热潮。南梦宫也不甘示弱,发布了"小蜜蜂",进入 20 世纪 80 年代又连续发布了"吃豆人""铁板阵""太鼓达人"等业务用游戏机的成功作品。

2005 年,南梦宫与大型玩具企业万达公司进行经营合并。从旧南梦宫分离出来的游戏中心等运营部门形成了现在的新公司——南梦宫;留下的游戏开发部门,与万代的鹈之泽伸(后万代南梦宫游戏公司总裁,现 Anime Consortium Japan 总裁)率领的家用游戏机事业部合并;2006 年 4 月,将公司名变更为万代南梦宫游戏(现万代南梦宫娱乐)公司。

当初,万代南梦宫游戏公司的部长全都是南梦宫出身,董事长是中村雅哉,总裁也是南梦宫出身的石川祝男(现万代南梦宫控股董事长）。商人气质的万代与手艺人气质的南梦宫——万代南梦宫游戏是该经营合并的象征。

"谁都不想做系列作品。""就算损失超过一亿日元也不能发怒。""中村雅哉先生对我们新型事业遇到的挑战给予了支援。"用旧南梦宫的话来说，经游戏公测，已觉得可以放心了。公司的口号是"创造游戏"，公司的风气是把这一口号在现实中实现；于是"吃豆人"岩谷彻、"铁板阵"远藤雅伸等游戏界的传奇人物辈出。

VR ZONR 里的工作人员，从经理到员工都是深受中村雅哉熏陶的南梦宫出身的人员。2016 年 4 月开店之后，有的体验者在体验人气活动"竞技滑雪"时，被超速冲撞向岩石的身临其境之感吓到后会松开滑雪杆，人随即往后倒去。此时，店铺的工作人员会立刻采取措施系上固定滑雪杆和体验者手腕的绳子，防止其摔倒。不是把游戏机卖出去就结束了，而是要通过店铺运营反馈所见所闻，快速进行改善。这个姿态正是过去南梦宫公司的风气。将前无古人的 VR 专用设施导向成功之路的，正是继承了南梦宫公司 DNA 的在公司内各司其职的专业游戏开发人员。

10 月 10 日，完成使命的 VR ZONE 停止营业。已经掌握了确切反应的万代南梦宫娱乐公司为了进一步推进 VR，于 10 月 1 日将 AM 事业部的企划开发一部改组为"VR 部"，柳下邦久继续担任总经理，当然，田宫幸春也一样。

先行者也有危机感

两个月后的 12 月 9 日，爱知县长久手市的"永旺梦乐城长久手"内，在游戏中心"namco"的一个角落里设置了 VR 体验角。尝试着将"逃出病房 Ω""竞技滑雪"等 VR ZONE 里一部分活动与游戏中心并存。

万代南梦宫娱乐公司的大下聪总裁表示，"VR ZONE 是'实证实验'，这次我们的定位是'试验运用'"，并强调 VR 已经向前跨进了一步。计划于 2017 年夏在东京新宿"歌舞伎町"开设大型专用设施。活用 2014 年关闭的复合设施"新宿 TOKYU MILANO"旧址，算上扩增场地，面积达到了 3 500 平方米，成为国内最大级别的设施。十几个 VR 活动同时并行开发。

考虑到小孩子不能使用头盔显示器这一缺点，万代南梦宫公司导入了基于在室内墙壁及地面投影影像的投影仪的 VR。所期望的是，访日的外国人和带小孩的人也来玩。大下聪断言："这是我们需要举公司之力推进的事业。"

如果跟索尼的 PSVR 一样，可以进行正式体验的头盔显示器能够渗透到千万家庭的话，想尝试在室外使用 VR 的需求就会减少。

"AM 事业不就是在真正普及的前二三年才能活跃吗？！"柳下邦久认为。因为是先行者，所以没有太长的时间进行准备。

3 世嘉，20年后的再挑战

世嘉也加入

"'SEGA'这个品牌，以及其店铺的运营能力都是很有吸引力的。"在距离VR ZONE很近的世嘉现场创作（SEGA LIVE CREATION）公司（于2017年1月将85.1%的股份转让给中国华夏动漫形象有限公司）的"东京欢乐城"里，在VR ZONE开业3个月之后，世嘉公司设置了VR娱乐设施。澳大利亚零等待（ZERO LATENCY）公司的首席执行官帖木尔斯（Timur's）在提到跟世嘉公司的业务合作时满面笑容。

零等待公司推出的是自由漫步型的VR娱乐设施。6个人同时进入同一个虚拟空间，双手持枪攻击迎面而来的僵尸。它的构造是，背上的背囊里装有电脑，电脑将影像传送到VR机器，没有电线的妨碍，体验者可以在空间里自由行走。当靠近其他玩家或者墙壁时，会有警告显示在眼前，避免了冲撞。这个空间有

240平方米，是水泥浇筑成的毛坯房，乍一看很煞风景，然而在虚拟空间中就变成了与僵尸殊死搏斗的战争最前线。想要体验就要支付欢乐城的入场费用（18岁以上800日元）及零等待公司的使用费用（每人1 800日元）。

在澳大利亚墨尔本运营的是测试版本，在欢乐城是首次进行正式运营（之后，在西班牙的马德里、美国的奥兰多也开始营业）。帖木尔斯说："日本人喜欢研究新的技术，对VR有着独特的理解。欢乐城是世界上第一个引进该技术的地方。"

VR开发者的梦想

1994年7月，一大批新闻媒体人员聚集在世嘉公司的"横滨欢乐城"（位于横滨市）。他们的目标对象是乘坐型的VR娱乐设施"VR-1"。该设施是在将业务转衰为盛的功臣中山隼雄的斡旋下，投了家用游戏技术后开发出来的。世嘉20多年前也曾挑战过VR。

"现在的VR热潮，技术原理跟20年前是一样的。"转职到马沃勒斯（Marvelous）游戏开发公司工作的土手真悟开发出了VR-1上使用的护目镜型VR机器。

VR-1的外形参考了竞技滑雪装备，简练的设计跟最近的VR

机器区别不大。在计算机动画基板的开发上，请教了制作出战斗机模拟装置的美国洛克希德·马丁。单侧镜片上搭载了一块单价为 30 万日元的基板，合计搭载两块基板。感应头部动作的是美国波尔希默斯（Polhemus）公司制作的军事用磁性感应器。单个配件价格都在几十万日元，最终 VR 机器的价格就变成每台在 100 万日元以上的高价。在此基础上，还要追加上可供 8 名体验者乘坐的、能上下左右摇晃的设备。8 台 VR 机器加 1 台乘坐设备，每套费用平均约为 4 000 万日元。横滨欢乐城引进了 4 套。原报道负责人回顾这件事时说："比当时的 VR 热潮还要引人注目。"

"这可能不行。"参与开发的植村比吕志（现在马沃勒斯公司任职）视察了欢乐城之后，认识到了 VR-1 的失败。从摘下 VR 机器的体验者的表情中可以看出，以前他们在家庭游戏机中培养出来的理解力起到了作用。他说："娱乐设施应该是可以使所有体验者都能愉快的设备。但是，当时有一部人在体验 VR-1 时会晕，真正享受到了乐趣的约为一半。"他的预感应验了，不久之后 VR-1 就从人们的视线中消失了。"机器穿着的繁琐及卫生方面一如既往地成为课题。"土手真悟敲响了警钟。

植村比吕志说："VR 是开发者的梦想。"因为他亲自体验过，所以非常理解年轻人热衷 VR 的心情。土手真悟也一样。他们两人一致认为："非 VR 不可的内容还没有出现。"在世嘉公司旧址，有开发者向他俩请教。对于后辈的来访，他俩很高兴地出来迎接,并告诉来访者 VR 现状的严峻。这是他们自己没有实现的梦想。他们给开发者加油打气:"希望年轻一辈能够有新的想法攻克这个课题。"

4 竞争对手不断出现

游戏中心的原貌

　　竞争对手也有所行动。运营游戏中心的阿多兹（ADORES）公司于 2016 年 12 月 16 日将东京涩谷的"阿多兹涩谷"顶层改装成专门的 VR 楼层"VR 东京公园"（VR PARK TOKYO），并开业。

　　"将地址选在处于城市中心的涩谷是有意义的。"上原圣司总裁很骄傲。该游戏中心实行的是 70 分钟一更换的制度。跟 VR ZONE 不同的是，只要付了入场费，就可以玩遍其里面所有的设施。提前预订的话，入场费是每人 2 900 日元，当天入场是 3 300 日元。他们的设想是，以后事先在手机上选好项目，抵达"VR 东京公园"之后再在店内使用对应的 VR 娱乐设施项目这种联动的方式。正因为上原圣司认识到"光靠 VR 很难实现利益化"，所以成功的关键就在于是否能跟选择的伙伴——手机游戏的大型企业格力（GREE）公司合作。上原圣司断言："阿多兹正在往脱离游戏中心的方向发展。我们通过游戏中心事业，确保了在市中心店铺的空间。这是一个能够活化 VR 优点的领域。最近又增加了 5 个跟涩谷店同样规模的店铺。"

涩谷店是阿多兹公司营业额居第二位的主力店。从涩谷站出发，穿过全向十字路口走到中心街尽头，涩谷店就在那里。这里也是聚集了穿着制服的女高中生、女大学生的拍大头贴的圣地。该主力店的一楼全部都装修成 VR 专用楼层，由此，阿多兹公司的认真程度可见一斑。在顶层设置最能集中客源的新型产业形态，能够拉动其楼下的游戏机的销售额；只要能够观察到这种"淋浴效果"，就能够带动多个店铺发展。因为会有很多外国人游访涩谷，所以设置了 VR 娱乐设施的各个公司都会认为："'VR 东京公园'是'博览会'的替代品。想以此为立足点将娱乐设施拓展到海外去。"

"'这样下去公司会倒闭'，一直都抱有这样的危机感。"阿多兹公司的董事兼 VR 事业负责人石井学自 18 岁进入公司，在这之后的 27 年时间里见证了游戏中心的盛衰。"游戏中心不断地导入最新技术，不断地提供新的游戏。20 世纪 90 年代初流行的是 3D 图像的格斗游戏，进入 21 世纪之后又出现了与其他店铺的竞争对手一较高低的网络对战。最近人、物、钱都集中在了手机上，在 10 多年的时间内都没有提供出具有新价值的东西。"

受新项目投资抑制的影响，没有耳目一新的游戏机推出，游戏中心就会失去新鲜度，就会陷入因客人少而收入少、因收入少而没有投资余力的恶性循环中。

使周围的人也融入其中

"VR 具有跟 1993 年的'VR 战士'类似的冲击能力。"石井学对 VR 抱有巨大的期待。VR 战士是世嘉公司（现世嘉控股公司）开发的格斗游戏。说起以往的格斗游戏，一般都是角色在画面的左右移动攻击对手的类型，而 VR 战士游戏中格斗台是前后左右立体的，可以自由移动的。回想起 VR 战士近 20 年时间给社会带来的冲击，石井学看到了脱离游戏中心的光明未来。

"VR 东京公园"的特征在于，它在虚拟空间和现实世界两个方面享受游戏这一点上下功夫。以"哈察美察棒球场"为例。穿着 VR 设备的玩家为击球手，另外一个人当投手。当投手的人通过手上的触摸屏选择球的种类。击球手将操纵杆作为球棒，判定眼前投手拼尽全力投过来的球并将球击回。用一句话来形容就是"真实棒球场"。

可以说，不穿着 VR 设备就没办法体验虚拟空间是 VR 最大的难点。它不像电影或体育运动，不能让几百人、几千人同时享受同样的内容。就算在全国各地开展体验会，一天之内能够体验的人数也是有限的，这一点已成为宣传 VR 魅力的绊脚石。

在"VR 东京公园"开设的时候，石井学最关注的一个点就是穿着 VR 设备的玩家与没有穿着 VR 设备的玩家一起玩游戏的构造。石井学回忆说："游戏中心里一台游戏机旁边会围满了人，不玩游戏的人能够观战也自有其乐趣。"他打算把游戏中心原本的面貌带到涩谷来。

关键人物访谈之三：用"魔法"提高共鸣力量

——访万代南梦宫娱乐公司执行制作人小山顺一朗

1990 年入职南梦宫（现万代南梦宫娱乐）公司，从事业务用游戏机的策划、开发；经手过圆屋形游戏机中《战场的羁绊》及扮演偶像制作人的《偶像大师》等大热作品；2015 年开始就任执行制作人，在"VR ZONE"里穿上白大衣，以"小山所长"的身份活跃于各种场合。

——贵司挑战了行业内最初的 VR 专用设施。

"从万代南梦宫的立场来看必须迅速行动，我们就是肩负着这个使命着手去做的。已经有索尼公司、虚拟现实公司等 3 家公司发表了 VR 眼镜的消息并成为话题，但是大部分人仍然一次都没有戴过。从我的感觉来看，来到'VR ZONE'的人有八成以上是第一次戴 VR 眼镜。"

——从事全新事业公司内部的调整工作，很辛苦吧？

"四五十岁的人经历过 20 世纪 90 年代的 VR 热潮过后的挫折，即使向他们说明他们也会觉得'反正是虚构的，是假的'，我把这个时代称为'VR 绝望时代'。不知道 VR 这一词语的年轻人反而更直接地接受了。VR ZONE 的客户群体四成是 20 来岁的年轻人。在店铺开业前我还以为客户群体的中心是三四十岁的人，结果很意外。"

——VR ZONE 连续几天客人爆满。

"限定半年的营业时间内到店客人总数超过 3.7 万人，每位客人消费单价为 3 000 日元左右。VR 是一个人一个人地戴着眼镜进行体验的，所以体验人数上限是固定的，这一点是难关。因为它不像电影那样，可以几百人同时观看。但是，现场的工作人员在接待客人的方式等方面做了努力，一次同时到店的客人比刚开店时多了两倍，达到了 40 多人。在保证体验内容及安全性的基础上简化了事前说明，也减少了一直在设备旁边待命的工作人员的数量。即使这样，上司还要求'进一步提高等待时间的效率性'。"

——每位客人消费单价为 3 000 日元，跟预想的一样吗？

"是的。一般来讲娱乐行业有一堵 1 小时 1 000 日元的壁垒。看电影、唱卡拉 OK、打保龄球是最具代表性的例子。VR ZONE 突破了这个壁垒，制定了每 90 分钟一替换的规则，所以单价 3 000 日元用 1 小时为单位换算的话是 2 000 日元，跟设想的一样。"

——您觉得突破了 1 小时 1 000 日元壁垒的原因是什么？

"应该是没有可拿来比较的对象。VR 体验是全新的体验，体验费用没有市场价格，没办法判断它是便宜还是贵。价格设定也参考了现实的活动，比方说，恐怖体验'逃出病房 Ω'（1 次 800 日元）就是参考了某个游乐园定下的鬼屋的价格。"

——游戏中心严峻形势还在持续。

"游戏中心 100 日元的商务延续至今。从 70 年代的《太空侵略者》以来一直是这种状态。因为物价和开发费用都在上涨。这么严峻的商业算是独一无二了。所以我们就在想，这种每次都是累计投 100 日元的游戏方式是不是存在问题。2015 年 4 月，将公司名更改为'万代南梦宫娱乐'也有一部分原因考虑的是这个。大下聪总裁也说'不能只固守于游戏'。当时我们已经认识到了业务用游戏机商业愈发严峻的形势。即使认识到了，我们在那个时候也差一点经营不下去。"

——是发现了以往的业务用游戏机商务的界限了吗？

"不是费心制定策略让玩家投入大量的 100 日元，而是让玩家对体验本身支付 1 000 日元。这样就可以挑战、突破长期以来的游戏概念，像'逃出病房 Ω'那种让人不想第二次体验的恐怖内容，像'竞技滑雪'中制造出一整座雪山等，消除一般游戏都会有的权限。体验过的董事在体验过程中大声尖叫，很是畅快。"

——制作游戏的专家跳出了游戏的概念。

"我从（专门开发的子公司）万代南梦宫工作室中，把我认识的人都聚集了起来。他们都是只要我一开口就能理解我要说的是什么的内行。即使这样，说服他们我也是费尽了心思。他们很容易套用长期以来制作游戏时的技术经验。着手开发是在 2015 年秋天，如果不是这样，也就根本赶不上 4 月的开业。没有时间了，所以没有余地进行暗中摸索。我们把（圆屋形业务用游戏机）《战场的羁绊》及（面向 PSVR 的 VR 软件）《夏日课堂》中学来的知识全都记录下来。"

——VR 与以往的游戏相差很大吗？

"以往的媒介是客观的媒介。游戏画面上的角色受到攻击时因疼痛而跳了起来，玩游戏的人看到这个画面也会觉得疼痛。另一方面，VR 是主观的，是'主观感觉'的媒介，无法向玩家传达他自身没有感觉到的疼痛。在'逃出病房 Ω'中，玩家看到了锯子会感到害怕，但是被锯子割了却没有感觉到疼痛，他的兴致就会降低。这一点很不妙。在以往的角色扮演游戏中，服毒或给人施加魔法，都可以用表演演绎出来。那 VR 到底要怎么做呢？如果要考虑别的划时代的方法的话，也就只能开发出真的会让人睡着的装置了。"

——有人能够体会到 VR 的乐趣，也有人不能体会到。为什么会有这样的差别呢？

"举例来说，让高空作业的人去体验在离地 200 米的高空行走时的'恐高反应'，他会说'不行'，会将眼镜摘下来。相反，随便找一个路过的女高中生来，她反而能淡定地行走。大概是因为真正在高空行走过的人，知道掉下去后会有什么后果，也就知道这个行为到底有多危险，才会更容易害怕。对于自己经历过的或者平时想象过的东西，更能在 VR 中获得同感。大体来说，以安静的方式表达感动并以之为美德的日本人可能引起的共鸣比较低。迄今为止，VR 引起共鸣最高的人，是（美国虚拟现实公司的创始人）帕尔默·拉奇，他在体验时一直不停地大喊大叫。"

——有没有什么方式让 VR 引起共鸣低的人也能体会到其中的乐趣？

"一开始就给他施加'魔法',打开 VR 引起他共鸣的开关。就是告诉他,接下来要体验什么内容,眼前会出现什么东西。提前让他脑袋里有一个 VR 体验的大概内容,他就会体验到超过自己脑袋里想象的情境。身体会对这个差距做出反应。如果在不知情的情况下戴上眼镜,神经会集中起来去了解到底发生了什么。人们很容易认为 VR 是游戏玩家在家里蹲玩的游戏,其实,有可能在现实世界中经历过很多、现实生活过得充实的人更能体会到其中的乐趣。"

第四章

"只有 VR 才有",不在成功经验之内

——科洛普尔公司坚信的可能性

1 打破手机游戏常识

世界唯一的快拳

在各为己利的游戏行业里,科洛普尔公司迅速关注到了VR的可能性。公司创始人马场功淳总裁被VR吸引,由上而下构建了内容开发事项。

在东京涩谷区惠比寿花园广场10楼,有十几名开发者在"VR团队"里任职。当公司为他们每人配发了一个头盔显示器时,每个人都像小孩子收到了新玩具一样高兴。他们在这样的环境下进行内容开发,旁边用玻璃隔开的是总裁室,马场功淳会悠闲地到现场观看,他说:"我也想向现场的开发者们学习制作VR游戏的方法。"

科洛普尔公司这一名字在2016年3月引起VR界轰动。配合美国虚拟现实公司上市的头盔显示器"Rift",他们公布了两款VR游戏:一款是益智游戏"Fly to KUMA"(《飞向熊族》),另一款是眼前会有网球飞来飞去的"VR Tennis Online"(《VR 在线网球》)。索尼互动娱乐公司 VR 传道师吉田修平称赞道:"其他公司做出一款游戏就已经够呛了,他们公司是世界唯一的快拳。"

之后,科洛普尔公司陆续推出了"STEEL COMBAT"(《钢铁战斗》)及"Dig4 Destruction"(《挖掘4:破坏》)等新作品。

不是业内的所有人都对 VR 持肯定态度,也有一些经营者虽然对 VR 的未来抱有期望,但是对于投资仍犹豫再三。"VR 肯定会问世,不可能不问世。问题不在于问不问市,而在于什么时候问世。"只要看了科洛普尔公司以"三角战略"这一名字为基点全方位发展的 VR 战略就可以知道,这句话不是虚张声势。在日本只要问起致力于 VR 产业的有哪些公司,很多行业内的相关人员都会把科洛普尔公司作为例子列举。

年轻人的希望

我们拜访了科洛普尔公司。在会议室里等着的是率领科洛普尔公司专业团队——"VR 团队"的小林杰。他给人一种与他年纪不相符的沉着与冷静。总体来说,该团队中很多人都是低于游戏行业平均年龄的年轻人。

小林杰于 2012 年毕业之后就加入了科洛普尔公司，是该公司的第一批员工。在学生时代，他有一个爱待在家里的朋友，玩了科洛普尔公司的位置信息游戏《殖民地生活》之后，以此为契机这位朋友变得跟别人一样能够外出玩乐。他至今还记得，这位朋友正常毕业并且找好了工作出现在自己面前时的那份感动。他认识到了游戏的力量，认识到了位置信息的魅力，为此加入了科洛普尔公司。

他负责手机游戏《星之岛的猫咪》的开发和运营，在 2015 年 1 月被马场功淳提拔为 VR 团队的领导。科洛普尔公司以势不可当的架式勇往直前。因为他承担起了 VR 事业，人们对他的关注度也变高，在与 VR 相关的活动中登上讲台演讲的机会也有很多。面对这个许多行业内的著名前辈们都登上过的讲台，他并没有显露出胆怯。他那沉着冷静的性格在同龄人中出类拔萃。

在"星星降落的夜空"这一名字优雅的会议室内，小林杰慢慢地打开了话匣子。"所有的一切都在摸索当中,什么都要去学。"对以手机游戏为业务开端的科洛普尔公司来说，VR 也是个从未经历过的领域。对于内容的制作、合理的价位，以及上市后的故障处理这类售后服务之类的事项都是一无所知。

竞争对手也是一样的状况。纵观整个行业，有 VR 商务经验的人几乎为零。正因如此，整个行业的环境就是哪个公司更早地开展商务、积累经验和技术，这个公司就更胜一筹。

相关费用反而便宜

根据小林杰的说法，手机游戏跟 VR 游戏的开发费用比起来，反倒是 VR 游戏要稍微便宜些。款式不同会有价格差，基本上手机游戏的开发费为 3 亿～4 亿日元；如果是大型的款式，还需要跟电视机广告等一样的市场宣传费用，所以要做好有 5 亿日元规模成本的心理准备。

VR 是 360 度全视角。虽说用计算机动画技术制作空间要花费很大一笔钱，但是小林杰说："现在手机游戏也需要制作整体空间，这一点 VR 游戏是一样的。但是，手机游戏开发人员会单独提取他想让人看到的场景，而 VR 的体验者会自己去看自己喜欢的场景，所以我们需要做好体验者无论看哪里，我们都能有对应的构造，比起手机游戏多了很多注意点。"

小林杰说话时一直盯着听话人的眼睛，就好像要驳倒对方一样继续说道："有时，把手机游戏的常识运用到 VR 中会有进展不下去的情况。比方说，把它做得跟游戏一样，反而会有失去了 VR 代入感的一面。"

设备性能在提高，手机游戏也相应地往更精细、更复杂的方向发展。需要能熟练掌握的复杂的操作方法、影像与声效营造的华丽的情境，让玩家沉入游戏的世界之中。

小林杰反对这种手机游戏常规的倾向。如果 VR 过于注重情境及游戏规则的话，体验者的满意度就会降低。只是欣赏虚拟空间就感到新鲜有趣的才是 VR。如果体验者的注意力都放在华丽的情境和手头的操作上，就没有多余的精力悠闲地眺望周围的景致了。

小林杰原本的设想是制作出一款只需要 5～6 小时就能通关的游戏性高的软件。但是，深深地体会到修正方向的必要性之后，他的方针变为制作可以休闲享受的游戏。"现在的市场情况是，很多人都是第一次体验 VR，首先要做的难道不是让人们的焦点集中在 VR 体验这件事上吗？我认为在 VR 渐渐地渗透到市场之后，再提高内容的游戏性比较好。"

顺便一提，VR 团队一开始想制作的好像是用 VR 组建透景画的游戏。在自己家里搭建透景画，对很多人来说空间和费用都是问题，用 VR 的话一切都不用担心了，而且还能制作出现实透景画中做不到的下雨的场景。"观察虚拟现实公司的开发动向，我们发觉不用制作透景画游戏，决定先做比较容易制作的东西。"

2 寻找"只有VR才有"

谁都有可能活跃的机会

在VR游戏开发中不存在教科书。正因为谁都没有制作过，所以开发者们时刻都面临着新课题也是理所当然的。

小林杰道出了他们选取开发VR游戏人才的条件。"比起正确地执行教科书上所写内容的能力来说，我们更会选择具有跳出教科书框架能力的人。"他说，"只要有这个素质，无论是谁都有机会发光。"

在开发现场，有时候以往积累的经验或者知识会成为阻碍。"我曾经想过，是不是没有游戏开发经验的人反而更适合VR开发，因为他们更有可能想出只有VR才有的全新的想法。"

那么，决定公司用人方针的马场功淳总裁是怎么考虑的呢？"有游戏开发的经验和知识，在此基础上还能灵活应对VR这一全新的设备那是再好不过的，不过，有的工程师虽然有经验和知识，但怎么都不能熟悉 VR。考虑到这一点，VR 是一片即使是新人也能大展拳脚的新天地。只要两者的目标方向一致就可以。"

考虑到头盔显示器的普及台数，VR 实现盈利还有很长的路要走。我们要相信前方有黄金的矿脉，坚持在昏暗的矿道中不断挖掘前行。

接受马场功淳"成立 VR 团队"命令的小林杰，一开始对 VR 也是抱有怀疑态度的。原本他就是想制作位置信息游戏才决定加入虚拟现实公司的。"总有一天，我要制作出利用位置信息的全新的游戏。"他一直没有放弃这一野心。

让他改变主意的，是在 VR 团队重组之后过了大约 3 个月的时候，也就是 2015 年的春天，在他体验了虚拟现实公司占据头盔显示器市场后开发的测试机"月牙湾"之后。"月牙湾"优质的穿着感和高度的代入感是以往的开发部件所没有的，他感受到了 VR 的可能性。

"既然我从事 VR 内容的开发，高度相信 VR 的未来就是最重要的。如果最终形不成市场，长期以来的开发工作就有可能化为乌有。我们现在努力工作的成果，起码要到 3 ~ 4 年之后才会公布于世。只有坚信 VR 时代一定会到来的人才能坚持下去。"

发挥设备的特征

小林杰说:"重要的是,我们必须开发出一款能够凸显 VR 魅力的'只有 VR 才有'的全新游戏。"

回顾历史,我们能领会小林杰这句话的含义。

科洛普尔公司开发出充分应用设备特征的游戏玩法,其游戏软件风靡一时。这款游戏软件的魅力就在于没有配套的设备就没法玩,其问世之后配套设备的销售额也大幅增长。持有设备的人在增加,软件制造商就会制作新的游戏,由此形成经营资源上的良性循环。

但是,成功事例暂时还没有。

1996 年,科洛普尔公司上市了"精灵宝可梦红·绿",插上任天堂公司生产的掌上游戏机的通信电缆,就可以在朋友之间实现交换精灵和对战。他们为同一款游戏准备了红色和绿色两个版本。游戏的设定是,不同版本中出现的精灵也不一样,这个不跟别人交换就集齐不了所有精灵的设定很出众。构成精灵宝可梦的"收集""养成""对战""交换"这四个要素,在现代的手机游戏里也适用。

1997 年上市的"最终幻想Ⅶ",是史克威尔(现史克威尔·艾尼克斯)公司的人气系列"最终幻想"的新作品,需要使用索尼计算机娱乐(现索尼互动娱乐)公司的掌上游戏机来玩。它开创了运用掌上游戏机描绘出的三维图像来进行角色扮演游戏（RPG）的新局面。以往的 RPG 是在粗圆点画像上进行上下、左右移动，"最终幻想Ⅶ"能"纵深移动"。这是一部能让任天堂公司基业崩溃的名作。

  2012 年公布的手机游戏"智龙迷城"，采用的是用指尖在触摸屏上滑动的一种巧妙的游戏方式，即用大拇指移动排列成 5×6 的五颜六色的"宝石"来解谜。在开发阶段就尝试了各种各样的想法，最终选定了在 4 秒之间一笔连贯地只选择自己看中的"宝石"这种游戏规则。在触摸屏上用手指摁着移来移去描摹的畅快体验俘获了用户的心，再现了用手指弹小钢珠的游戏——米克西公司出品的"怪物弹珠"，也可以说是活用了触摸屏的操作体验。

VR 将一切变成"体验"

  VR 在改变。

  "只有 VR 才有"，指的是什么？我们还没有找到定论。很多开发者都在进行验证假说的重复作业。就算找到了定论，这也是企业机密，不会有人公之于众。但我们可以确定的是，VR 能将所有的内容都变成一种"体验"。

对于电视机或手机等平面的播放器，人们一般都处在第三方，然后将自己的感情代入屏幕中的角色或演员身上。而 VR 是使人们处于角色方，亲自融入屏幕中，在场景中看、听或触摸，通过这种方式获得心灵的触动。万代南梦宫娱乐公司的 VR 部门设立了 VR 专用设施"VR ZONE Project I Can"的田宫幸春解释道："区别就在于，一个是看旅游节目，一个是自己去旅游。"

有一个体验内容名为"The 井"。从字面来看，它是一款窥视眼前毛骨悚然的"井"的体验。仅凭这个内容，它就获得"只有 VR 才有的恐怖"这一最高评价。如果它跟电视游戏一样通过手持操纵杆上的"十"字键进行操作，将画面的方向朝向下方，就完全领会不到恐怖之处了。正因为着眼于"窥视"这一体验，才会有恐怖之感产生。

在万代南梦宫的前身——南梦宫公司制作出《吃豆人》的岩谷彻说，他对游戏的企划都是从"动词"出发进行考虑的。吃豆人是从"吃"这个动词中获得的灵感。将"踢""飞""围"等数不尽的动词运用到体验中来制作 VR 将会是什么样的情况呢？进行相应的验证应该会非常有趣。

3 在成长市场中撒网

三角战略

比任何人都更加相信 VR 可能性的马场功淳，开始采取措施在 VR 市场撒网。在大范围地将市场划分成"游戏""360 度动画""投资"这三个方面后，他给自己的战略取名为"科洛普尔公司 VR 三角战略"。

360 度动画，由子公司"360 频道"（圣罗克巴尔频道）负责，于 2016 年 5 月开始运作。动画涵盖了娱乐艺人节目、写真偶像的综艺节目、对观光地的介绍、全日空飞机的机体装备工厂等多种多样的内容。最初是 6 个频道 22 种节目，现在已经发展至 34 个频道 170 多种节目。所有的节目都可以免费收看。

360 频道公司没有把 360 度动画公司的制作外包给别的公司，而是由公司内部的工作人员制作。制作成员中，有电视台出身的人，他们拥有从机械材料的选择到摄影、编辑等一系列的技能。马场功淳说："现如今，几乎没有相应的专家。比起对外求取人才，还不如公司内部制作。"

"现在处于先行投资时期。目前，我们还会继续免费发布节目，但实际上我们的目的是广告模式的运用。最终目标是成为360度动画电视台。"说这番话的是360频道公司中干劲十足的制作人中岛健登。他将精力集中在娱乐、体育、旅行等题材上，体现出了对现有电视节目的充分了解。

从使用纸板箱制作简易装置装上手机使用的"盒子眼镜"，到虚拟现实公司的"时空裂痕"，可以收看360频道公司的VR终端范围极其广泛。但是，以现在的普及程度来看，它还远远称不上是宣传媒介。

实际上，即使是360频道公司的人气节目"写真偶像配送箱"，每集的重播数也止步于2万~3万次。虽说这个节目能够让人回想起午夜节目，且拥有独一无二的想法，但是360度动画公司的收视一直没有实现普遍化，所以达不到与其质量相称的收视次数。

即使如此，VR与广告还是非常契合的。VR终端的渗透，以及被形容为第五代移动通信技术（5G）——其通信速度是第四代移动通信技术（4G）的100倍——通信规格的实用化。只要形成了普通消费者能够理解的一个大环境，就有可能实现跟电视一样的广告运营模式。

资金规模达到 1 亿美元

三角战略的另一个角是"投资"。2016 年 1 月,马场功淳设立了高达 5 000 万美元的资金。包括活用视线感知头盔显示器的 FOVE 公司、360 度影像编辑软件的 Insta VR 公司、与 VR 相关的三维模型软件制作的 VERSE 公司在内,有超过 30 家投资商决定出资;2017 年 1 月,新设立了跟上述投资一样规模的高达 5 000 万美元的资金。由此,VR 特殊化资金的规模总计达到 1 亿美元,从手机游戏中获取的丰富资金正在流向 VR 市场。

"在投资活动中,我们与世界各国几百家企业开展会议,从中我们得知有很多公司对未来抱有期望。另外,眼下的情形是,全世界对于 VR 的热情高到令人惊讶,在仅次于美国这个发达国家的中国,VR 市场也在急速扩大。"这是在第二次 VR 特殊化资金设立之时,运用了该笔资金的科洛普尔公司继任总裁山上慎太郎的发言。他强烈地传达出自己感受到的 VR 市场的热情,以及见证了大型新产业兴起的兴奋感。

科洛普尔公司投入精力的另一项工作是与 VR 相关的专利获取。从 VR 游戏的操作方法到防止机器被弄脏的罩布为止,专利内容极为广泛,申请数量超过了 100 项。VR 团队的小林杰说:"控制住专利,可能会成为先于其他公司进行 VR 生产的最大优势。"

"VR 时代肯定会来临。问题是什么时候、以什么样的方式推广。"科洛普尔公司正在从战略的角度构筑一个无论 VR 市场怎么扩大，最终都会返利给科洛普尔公司集团的结构。马场功淳设立了好几重机构，采用一切方法将 VR 市场扩大的利润归拢到公司内部。科洛普尔公司的强大之处，就在于经营管理者马场功淳是最信奉 VR 未来的人。

平台的转折点

  2012 年前后，虚拟现实公司的创始人帕尔默·拉奇在众筹网站"Kickstarter"上募集到开发 VR 机器的资金。马场功淳在当时就关注到了 VR 的可能性。次年，马场功淳将虚拟现实公司面向开发者出售的"DK1"[1]带回自己公司，并立刻召集几名工程师开始了对 VR 的研究。

---

[1] DK 系英文单词 Development Kit 的缩写，是美国虚拟现实公司于 2013 年面向开发者出售的元器件。它没有搭载有机发光电子板，搭载的是液晶设备。除此之外，像素及再生速度比较低。2014 年，"DK2"上市。

游戏行业的经营者及开发者对技术的发展趋势倾向是很敏感的。不过，在面对完全不知底细的最新技术时，他们对是否投入自己的经营资源还是很犹豫的。

但是，马场功淳没有丝毫犹豫。他有着鉴定技术可能性的洞察力，果断地投入人、财、物，这种决断力超群出众。

马场功淳出生于兵库县，由于父亲工作的原因他不断地转学，曾就读于橄榄球竞技水平为日本第一的宫崎县都城工业高等专科学校。他体格高大，正因为当时处于家庭电子游戏风靡的时代，所以他也热衷于玩游戏。他回忆道："我不是擅长学习的人。"

2003年攻读大学研究院博士课程期间，他开发出了使用多功能手机玩的位置信息游戏"Colony生活"。人们对于2016年形成的手机位置信息游戏"精灵宝可梦GO"仍记忆犹新，然而，早在10多年前，他就已经注意到了位置信息的有趣之处。后来，他中途退学加入格力公司，但是因为个人运营的"Colony生活"需要做的工作逐渐增多，遂于2008年决定独立出来。

科洛普尔公司以2011年为契机飞速发展。马场功淳认为，手机一定会普及，所以做出了开发手机游戏的指示，并保持这个势头投入智能手机新游戏的开发中。次年，公司开发出了"秘宝侦探卡里""职业棒球PRIDE"，2013年开发出了"魔法使与黑猫维兹"。他做出的将开发重点从多功能手机一鼓作气地转移到智能手机的决策，促使他的公司跻身于智能手机大企业行列。

"在那个时候，谁都看得出智能手机会普及。"他很谦逊。不过，话虽如此，但当时被束缚于既有事业没能做出大胆决断，以致失去大好形势的同行不在少数。

2012 年加入科洛普尔公司，现在率领 VR 团队的小林杰有一段难以忘怀的记忆。

"你看这个，是不是很厉害？"这是科洛普尔公司在招募首个毕业生时设置的面试场景，马场功淳作为当时的面试官，慢慢地拿出了一部手机。小林杰探出身子去看，马场功淳把那部手机中的游戏玩给他看。当时，一直被 VR 吸引的马场功淳的身影跟小林杰的身影重合了起来。

马场功淳在手机开发方面有过巨大的成功。他的下一个目标是 VR。"我不知道什么时候，但是总有一天 VR 会普及。不可能不普及。"他看到了眼下利润的最大来源——手机"白猫计划"游戏背后隐藏的危机，业绩正在走下坡路。然而 VR 的普及，还处于从眼下开始到去实现的阶段。在这压力越来越大的环境下，是否要加大油门继续前行呢？

4 "女高中生"掀起的涟漪

VR 的黎明

  2014 年 9 月 1 日,日本 VR 迎来了黎明。不过,其面对的不是安静、庄严而又神圣的日出,而是像超新星爆发、伴随着强烈的冲击波的情形。

  索尼计算机娱乐(现索尼互动娱乐)公司举办了"SCEJA Press Conference 2014"。之后,只要说到 VR 就一定会提起的是万代南梦宫游戏(现万代南梦宫娱乐)公司的 VR 体验——《夏日课堂》终于揭开了面纱。

  当舞台屏幕上放映出一个穿着校服的女高中生的瞬间,聚集了行业内佼佼者的会场一片哗然。即使该动画短片放映结束了,整个会场还是充满着异样的兴奋。曾经前往会场的开发者们回顾说:"确实很有原田先生的风格,但是觉得有点过头了。""无法理解。""不正经。""不合常理。"……尤其在海外，"夏日课堂"遭到了严厉的批判。

"虽然制作的这个视频确实存在故意设置的成分，但是放完之后我感觉有点过头了。人们误解了它的内容。"针对该动画产生的强烈反响，开发负责人原田胜弘苦笑着说道，"希望参与的人纷至沓来，无法妥善处理。最主要的是，谁也不知道会发生什么。"因为这个原因，原定于两周后在"东京游戏展示"活动上召开的体验会中止了。

为了引起话题，在动画短片中特地突出了短裙和胸部。虽然控制在一定的尺度内，但不可否认的是，它给人留下了"色情"这个反面的第一印象。

当时，还处在"VR到底是什么东西，与以往的游戏有什么不同"的时期。人们被过激的动画短片吸引了注意力，原田胜弘真正想传达的东西没能传达到，这也是没有办法的。

回头一看，有个女高中生

戴上PSVR（2014年称之为"墨菲斯项目"）之后，玩家眼前就是6个"榻榻米"大小的一间房，环顾一下四周：书桌和书架上散乱放着笔和笔记本，还有一张床，地板上有一个歪倒的鲨鱼布偶。这些让人意识到这里是一个女孩子的房间。

玩家扮演家庭教师，女孩（之后公布她的名字叫宫本光）是学生。

"老师！"

玩家身后传来声音，回过头一看，是一个穿着短袖校服的女高中生。

女高中生走进房间坐在了玩家面前的椅子上。她把黑黑的头发扎成了马尾辫。房间一角放着棒球球具，好像是垒球部的成员。

"今天请老师好好教我。"

这时，玩家面前会出现"Yes"和"No"的选项，用力点头表示"Yes"，左右摇头表示"No"。

"夏日课堂"就是通过不断提问的方式来推进玩家跟女高中生的交流。选择不同，对方的动作和解说会相应改变。玩家会思考：接下来会问什么问题？这个问题的意图是什么？不知不觉手心都出汗了。

"玩游戏的方式发生了大变化。好久都没有这么期待了。"原田胜弘因为开发了人气格斗游戏"铁拳"系列而为人所知。据说这个"夏日课堂"的体验短片是原田胜弘率领的以"铁拳"制作团队为中心的10人左右的成员，从2014年3月开始花费了两个月的时间一鼓作气制作出来的。原田胜弘解说了开发"夏日课堂"的动机："人们对VR的认知度很低，理解它的人很少，这是普及的瓶颈。要想人们知道VR，就必须制造一个话题。"

女高中生翻开书本，用拙劣的英语开始朗诵。当玩家想看清书本中的内容而将脸凑近时，女高中生会倾斜身体。"这种表现方式是出于每个人都有一个对自己来说舒服的距离感，也就是'个人空间'这个考虑。在大学时学的心理学专业知识首次在游戏开发中起了作用。"如果玩家错开脸，女高中生会睁着有神的大眼睛看着你，视线会跟着你移动；这款游戏不是玩家单方面观赏游戏角色，而是角色也会看着玩家，给玩家一种她也意识到自己存在着紧张感的感觉。"这种紧张感就是身临其境之感。"原田胜弘微微一笑。

VR 的特征就是突破了显示装置的界限，进入游戏内部。虽说玩家很容易把所有注意力集中在可爱的女高中生身上，但是"夏日课堂"这款游戏可称得上是将 VR 特质发挥得淋漓尽致的杰作了。

毫无异样的身临其境之感

"夏日课堂"开发之初的目的，就是创造出以往的游戏都没能实现的身临其境之感。那么，为了实现这一目的，需要做出什么样的游戏内容呢？原田胜弘首先决定的是，将舞台设置在封闭的空间中。"恐怖或者飞翔在空中这种内容与现实相距甚远。"

他认为，比较接近现实的场景，才更容易实现 VR 带给人的身临其境之感。

起初尝试用"铁拳"的角色进行实验，但是，"让肌肉隆起的男性角色出现在 VR 之中，人物看起来就像是一个雕塑一样，最终失败了"。当开始深刻感觉到 VR 的难度时，原田胜弘回忆起曾经憧憬过的美术大学素描作画时的场景。用女性作为素描的模特来作画。想用画来体现女性特有的曲线美和柔软肌肤的质感是很困难的，但同时也是最适合磨炼技术的。在 VR 中，长发及裙摆的飘动，还有极其细致的表情修正是必不可少的。他认为，"如果能够没有别扭感地描绘出女性形象，那么也应该能运用在男性或者动物身上"。因此，他决定描绘女性角色。

决定开始制作后，在以往的游戏制作中从来没有遇到过的问题接踵而来。比方说，要怎么在女高中生的房间里营造出生活气息。装上空调，在墙壁上安上排气管，在空的插线板上插上电子设备。

只要有细微之处没做好就会让玩家察觉出异样，就无法深入 VR 的世界，这是很大的一个课题。在"夏日课堂"游戏中，玩家低头向下看，就能看到坐着时下方脚的影像。刚开始开发的时候，就算坐下也是看不到脚的。"一般来说，没有人会去注意自己坐下时能不能看到自己的脚。但是如果看不见就很奇怪了。为了去除这种不真实感，就需要再一次认识自己的生活。"

"那个人也觉得非常惊讶"

原田胜弘是在向大众公开前召开的面向开发者的说明会上知道了"墨菲斯项目"。美国虚拟现实公司已经先一步开发出头盔显示器,如果游戏行业的盟主索尼公司也加入的话,那么 VR 会正式开始普及。原田胜弘兴奋了起来。

"这个很厉害,马上开始研发。"从说明会现场回来的路上,原田胜弘不假思索地打电话给他的下属玉置绚。玉置绚笑着说:"一直很爱开玩笑的原田胜弘很难得地在打电话时这么严肃。"

但是,周围的反应很冷淡。

在万代南梦宫公司管理层出席的总部会议上,无论原田胜弘怎么说明 VR 具有划时代性,都得不到公司的开发许可。他形容当时管理层的神态"完全就像地藏菩萨一样"。于是,他改变了计划。"我知道,无论自己怎么说明 VR 有多厉害都没有效果。首先得让亲身体验过 VR 的人阐述自己的感想,并且'那个人也觉得非常惊讶',用这种方式激起人们的兴趣。要想让不爱动弹的经营层动起来,我觉得这种方式比较好。"

"夏日课堂"是面向行业内部制作的内容,改变了游戏行业的氛围。这完全验证了原田胜弘的预测。

动画短片公开放映后,行业内相关人员的体验申请纷至沓来。其他公司的管理层也陆陆续续地前来拜访,这使得万代南梦宫公司内的风向一下子改变了。"虽然态度改变得太过于明显，但这也是最好的结果。"原田胜弘露出了满意的微笑。2016年4月，专用设施"VR ZONE Project I Can"开业。"在原田胜弘的努力之下营造出了'VR好像很厉害的样子'这种氛围，因此进展很顺利。"该项目的负责人小山顺一郎称赞了原田胜弘的功绩。

VR改变了游戏吗？"一边向右躲闪，一边攻击从左边袭击过来的敌人。如果要制作射击游戏，就必须实现这个动作。但是现在的技术一时还达不到那样的效果。"小山顺一郎在说这一番话时，脸上的表情就像是纯真的孩子。他坚决地说："我会把VR当作我毕生的事业。"

5 关键是"第一人称"

回归原点

"我们还不知道 VR 会有什么样的发展,会普及什么程度。但是,我们感觉到了极大的可能性。既然这样,我们就应该尽快采取措施。现在还处于不断摸索的阶段。"喀普康(CAPCOM)公司于 2017 年 1 月上市"生化危机 7"。这是行业内首款能够同时完全适用于电视机和 VR 的游戏。辻本春弘总裁全力推动 VR 在"人气系列游戏"上的运用。

1996 年,喀普康公司第一部作品"生化危机"问世,在游戏中遭遇僵尸的恐怖使之风靡一时。随之,续集接踵而至,并逐渐加强了枪击元素。该系列成为恐怖游戏的代名词。"'生化危机'是什么游戏?当时我们想回归原点,再制作一部以恐怖为主的游戏。在这个时候 VR 就是最适合的技术。"辻本春弘说道。

这种游戏的试金石是 2014 年发布的名为"厨房"(The

Kitchen）的短片。该短片隐去"生化危机"的名字找寻恐怖游戏与VR的契合之处。短片只有短短的4分钟，体验者的反应却非常好。鉴于"VR最恐怖"这一事前宣传，它很快就成为话题，体验者确实感觉到了它的效果。

短片内容带来的人气程度，促使秘密进行的"生化危机7"的开发方针发生了变化，一下子就决定完全对应VR应用。"正是不断磨炼技术的喀普康才有这样的技艺。"喀普康的管理层很骄傲。

一开始制作的是与以往的游戏一样，从第三者的角度出发的"生化危机"。之后，为了能在VR上运用，做成了第一视角，即"生化危机"游戏中的灾难不是发生在别人身上，而是直接降临到玩家自己身上。这种恐怖之处使"生化危机"大获成功。将所有的内容变成亲身体验，正是VR的特点。

现在，恐怖是最能吸引顾客的一个类型。只要登录视频投稿网站，就能看到很多有趣的游戏直播视频。即使本来不玩游戏的女性也沉迷于观看直播，这就是它的有趣之处。恐怖元素扩散度很高，非常符合这个只要"分享"人气就会越来越高的社交时代。

"生化危机7"VR版本的投稿视频也收获了大量的试听人数。当然，如果用电脑或者手机观看的话，它还是如同往常一样的平面影像，但是人们会有发散性的想法："光看视频就这么恐怖了，如果是用VR亲身体验一下呢？"可以说，它充分地发挥了扩散的作用。

刺激创造力

　　2016年10月，PSVR上市。在所有上市的游戏中，人气最高的是《节奏射击》（RezInfinite）。该游戏是由世嘉（现世嘉控股）公司的水口哲也所率领的"提升游戏技巧"（Enhance games）开发团队制作的游戏。

　　该团队将原本打算面向"PlayStation 2"的游戏内容改成对应VR的版本。众多体验者口径一致打包票说，对应VR专用全新制作的名为"X地域"（Area X）的舞台是"现有水平能做到的最佳杰作"，只要达到特定的条件就可以玩。

　　该舞台上生成了五光十色数不尽的粒子，给人感觉就像是徜徉在宇宙中。每次攻击敌人就会发出声音，声音重叠交错，给人一种不可思议的解脱感。在结束时观看演职人员表时还能享受高品质的音乐体验，愉悦的情绪久久萦绕在心头。水口哲说："我们做出了一直想制作的作品。"

　　众多游戏开发者正在接受挑战——用VR进行新型的表现方式。"如何区分硬件的好坏，就看它能不能刺激开发者的创造性。"以索尼互动娱乐公司副总裁三浦和夫的观点来看，VR毫无疑问是最好的硬件。

VR 掀起的热潮似乎超出了水口哲的想象，他苦笑着说："这种情况，不允许我们慢悠悠地制作了。""提升游戏技巧"开发团队获得了手机游戏发行商移动广播（Mobcast）游戏公司的支持，然后开始着手开发下一部作品。他确信："这就是开端，我们现在站在通向未来的入口处。"

超越游戏范畴

"我觉得 VR 和游戏的契合度好像不高。"计算机动画制作软件"虚幻引擎"的艺铂（Eipc）游戏公司日本分公司的负责人河崎高之认为，游戏不是 VR 能发挥真正价值的领域。

在影像表现上颇受好评的"虚幻引擎"在 VR 内容制作中也起了很大的作用。万代南梦宫公司的"夏日课堂"等有名的 VR 内容就是用"虚幻引擎"制作的。艺铂游戏公司不断地收集正在制作中的内容信息。河崎高之说："这个软件也较多地应用于从建筑设计到汽车销售等领域当中。"

游戏能起到推动新技术或新设备普及的作用。

感知倾斜度的陀螺仪，也是因为搭载在任天堂公司于 2006 年上市的"Wii"游戏机的棒形控制杆上而被推广。陀螺仪价格的下降对手机或无人机的开发产生直接影响。感知身体和手部动作的美国微软"Kinect"也是因为跟"Xbox"游戏机配套销售才普及开来。制造成本下降，在产业用途上的使用率就会提高。

　　VR 也走在同样的一条路上。就像索尼互动娱乐公司总裁安德烈·豪斯强调的"VR 的用途不只用于游戏，它是全新的媒体"那样，VR 不仅仅是游戏设备，它还蕴含着在所有产业内掀起变革的可能性。在前线经历着千辛万苦的游戏行业，是一座拥有在 VR 市场屹立不倒所需的知识和经验的宝山。

关键人物访谈之四：现实敌不过虚拟

——访科洛普尔公司总经理马场功淳

马场功淳，九州工业大学研究生院博士研究生，于 2003 年加入该院实验室（现 KLab），并于同年独立运营位置信息游戏《殖民地生存》；2004 年从研究生院肄业；2007 年进入格力公司；《殖民地生存》的名气被打响后，2008 年独立创办科洛普尔公司。他曾就读的宫崎县都城工业高等专科学校以橄榄球竞技水平"日本第一"闻名，他本人的打高尔夫球技术在公司内也是数一数二的。

——**您什么时候开始对 VR 感兴趣？**

"是在 2012 年，美国虚拟现实公司在'Kickstarter'网站上募集头盔显示器的开发费用的那个时候。'DK1'开始上市后，我立刻购入了一部，拿到公司交给工程师，让他们'试着做出个什么来'。"

——为什么您觉得它有趣呢？

"可能是因为它给我带来了全新的体验。从诞生新体验的'吸引人的技术'中，终于出现了真正的产品。手机也是一样。一开始是听音乐，之后爱上手指在触摸屏上操作的感觉。手机的使用经历了从给人们带来全新的体验到普及的过程，我们正在亲历这一过程。"

——有没有印象深刻的 VR 内容？

"我在体验虚拟现实公司的'ToyBox'[1]时，脑子里的想法是：'原来是这样。'乍一看是网络虚拟形象，但真的有跟人面对面交流的感觉。科洛普尔公司的游戏也会往重视交流的方向发展。"

——科洛普尔公司现在正全方位着手 VR 制作吗？

"VR 还没有在大众当中普及，只有专业人士才知道。但是

---

[1] ToyBox 是为了配合 2016 年 12 月 6 日上市的控制杆——"Oculus Touch"而制作的短片，可以让离得很远的人进入同一个虚拟空间一起玩。美国脸书首席执行官马克·扎克伯格对此也赞不绝口。除他外，据说有很多开发者也深受其影响。

VR 是一项有可能实现一切的技术，它作为一种产业将会不断壮大。VR 游戏是在科洛普尔公司总部开发，对应 VR 的 360 度影像是由子公司 360 频道制作，目标是形成'VR 广播电视台'。在其他领域，科洛普尔公司通过设立 VR 基金，采用投资的方式进行弥补。这个投资不是事业投资，就是纯商业投资。我们要构建的战略性结构是，无论 VR 产业发展多么好、市场多么大，利益最终都会返还到科洛普尔公司。"

——就 VR 来讲最重要的一点是什么？

"代入感及界面的协调性。在虚拟空间中，只要发现手能自由地在眼前使用，人的大脑就会误以为所处的世界就是现实。这就是界面的协调性。就 VR 来讲，最重要的是它能欺骗大脑到什么程度。不是仅仅把头盔显示器戴在头上，眼前播放影像就够了，而是尽可能地让大脑误认为眼前的世界是现实。这样做出来的 VR 游戏才会有趣。"

——您的意思是，只要能够欺骗大脑，影像是否精美就不那么重要了，是吗？

"与影像是否真实不一定有太大关系。当然，我们有方法可以让画面真实，就算是动画风格的也没关系。比起这个更重要的是，让人觉得有这样一个世界也不错。即使一开始认识到所处的世界不是现实世界而是虚拟世界，只要让人觉得身处这样一个世界很舒适就够了。比如说，让人在虚拟世界中待上 3 天，他就会认为那是现实。大家应该知道'颠倒眼镜'实验吧，颠倒眼镜再戴上，看世界中的事物就是颠倒的。一开始有人非常不适应，但是过段时间他就觉得这很寻常了。就算一开始知道是虚拟的也无妨，让人认为'有这样一个世界很好'这一点是关键所在。"

——需要具备与制作手机游戏不一样的技能吧？

"毕竟与手机及家用游戏机等平面上的画面不一样，所以需要只有 VR 才有的技术。但是，有些部分需要活用以往制作游戏的经验和技巧，也有一种情况是没有技巧和经验的人反而更能够没有抵触地吸收全新的想法。当然，既有技巧和经验，又能适应全新的思考方式的人是最好不过的。不过，只要这些人经历过提供游戏的平台从多功能手机变更到智能手机这个过程，大部分人经过一定的时间后都能应对。"

——向智能手机转变的速度很快。

"其实也没有那么快。我们开始开发智能手机游戏是在 2011 年，那个时候手机已经普及开来，公司员工也开始人手一部手机。智能手机会变成下一个平台这件事情是可以预想到的，所以我们也是顺应时代潮流而为之。"

"在多功能手机转变到智能手机这段时间里,其实有很多人对于当时的多功能手机很满足。多功能手机用大拇指操作比较困难,留指甲的女士使用不方便,等等。与多功能手机进行比较,想要对其进行改造,由此应运而生的就是智能手机。另一方面,VR对消费者来说是全新的概念,没办法进行比较。没有办法把它跟现有的事物进行比较,所以没办法否定它。"

"VR时代不可能不来,一定会来。然而,我们不知道它会在几年后来,设备的样式也可能会变更。不过,VR时代肯定会来。"

——为什么您会这么想?

"因为人容易倾向于假想。我们举电视的例子。很久以前人们去剧场看剧目,之后电影问世,电影基本上靠假想推进,但是人们会记得跟朋友一起去的那份真实感。再然后发明了电视机。电视很方便就能看到,不用跑到很远的地方去看。待在家中看着被编辑好的假想内容并进行着类似的体验。交流也一样,最好的是面对面交流。话虽如此,约定好去一个地方见面也是需要花费一些工夫的。此时电话诞生了,短信诞生了。当连我(LINE)推行之后,有时候交谈会以一两句话就结束了。现在表情包是主流,连语言都不需要使用了。"

——为什么人容易倾向于假想呢？

"为了轻松。现实太沉重了。人倾向于假想的方向，而不是现实。要说为什么，因为假想在心理上及金钱上的成本都很低，具有压倒性的轻松、便宜的特质。如果习惯了假想就会觉得它跟现实是一样的。我以前就有过这样一种想法，在现在的 VR 问世之前，这个世界已经在向着假想发展。正因为有这样一种假设，人们才会觉得 VR 是有趣的。现实敌不过假想。历史会证明这一点。"

——但是 20 世纪 90 年代经历了 VR 挫折。

"即使如此，现在的 VR 比起以前的 VR 更有说服力。因为经过了 20 年，VR 在不断地进步；接下来的 20 年，技术会更上一层楼。VR 热可能会有沉浮，但是技术本身会一直进步下去。"

——VR 普及之后现实会变成什么样呢？

"现实应该会变成一个只是把肉体放在其中的地方。或许有可能最终降临一个人们不再需要肉体的时代。从一出生就生存在一个 VR 是理所当然之事的世界里，无论是旅行还是跟朋友聊天，只要通过虚拟方式就够了。如果连人脸都能自由进行变更的话，人们肯定都会认为：'还是虚拟世界好。'"

——人们将虚拟认知为现实的感觉正在不断进化吧?

"是的。即使是电视,也会有人一开始看的时候觉得不可思议、难以理解,不知不觉中,通过电视机观看职业摔跤比赛时,也会有在现场观看一样的感觉。现在用手机听音乐或看视频都是日常之事。因为'去现场'是非日常的事情,所以'看现场'就变成了宝贵的体验。"

第五章

用故事来决胜负
——富士电视台、格力公司、电通公司的野心

1 目标是"只有专业影像才有"的内容

VR 与 360 度相机拍摄的影像

在优兔和脸书网站接受的投稿中,越来越吸引人目光的是 360 度相机全方位拍摄的动画稿。价格在几万日元的理光西塔(THETA)等 360 度相机问世,再加上著名社交网络(SNS)网站支持 360 度相机拍摄的影像稿,使得用户人数剧增。耐克、可口可乐等公司也利用 360 度相机拍摄影像进行广告投放。

360 度相机拍摄的影像与使用计算机动画制作出来的内容不同。它对人机交互要素的要求不高,实现的只是能够识别人头部的动作,并且影像会相应地变化,眼睛看向特定的点就能进行功能选择。因为存在这些制约,有人把 360 度相机拍摄的影像与宏达国际电子公司的"VIVE"等高层次的 VR 体验区别开来。

但是,通过别人的视角,进入其他场所的感觉跟计算机动画所创造的 VR 是一样的。VR 与 360 度相机拍摄的影像不是毫不相干的两件事物，把 360 度相机拍摄的影像理解成 VR 中的一个领域是比较妥当的。也可以认为，360 度相机拍摄的影像内容的量化发展，是普及 VR 不可缺少的一部分。

F×G VR 产品

2016 年 2 月上旬，在格力公司董事长兼总裁田中良和出去吃午饭的那天，他比以往都情绪高涨，满嘴高谈阔论。

VR 到底是怎样一种全新的、具有无限可能性的技术呢？田中良和像纯真的孩童一样不断地重复："又是这个话题吗？""虽说这是一项新技术，但是新技术是常有的事，总有一天会消失。我总觉得 VR 也一样会在某一天消失。"作为倾听者的富士电视台大多数高管虽然随声附和，但是不知为何情绪都不是特别高涨。

田中良和预料到了一切。原本他就知道，光凭嘴说是没办法展现 VR 的魅力和革新之处的。

"我在公司建了一间样板房。既然认为我是在骗人，那么是否要来体验一下？"这间样板房是由六本木新城办公室的一角改建为 VR 样板房的，在该房间里能体验宏达国际电子公司的"VIVE"。大多数人当场就接受了邀请，田中良和为此在内心比了个胜利的手势。"VR 是一项跟没有亲身体验过的人讲话讲不到一起的技术，但是一旦体验过，无论是谁都能感受到它的厉害之处。"

田中良和的预料应验了。大多数人戴着头盔显示器，震惊于巨大的鲸鱼在眼前游泳的宏大场景。仅仅 3 个月之后，格力公司与富士电视台在 VR 领域进行业务合作的消息就公之于众。

项目名为"F×G VR 产品"。在广播行业颇有名气的富士电视台与手机游戏行业巨头强强联手，而且主题还是 VR 这个热门话题，关注度空前高涨起来。在富士电视台总部召开的记者发布会会场内，聚集了一大批记者。

富士电视台的实力强大之处，体现在它将转播的体育节目制作成在虚拟空间中观战的内容。体验者戴上头盔显示器，人就如同置身于一个大厅之中，眼前有一个大型的播放器正在转播排球比赛。体验者旁边坐着同样戴着头盔显示器的朋友。控制器是接入了设备电源的遥控器，点触后就会有樱花漫天飞舞，这是只有 VR 才能呈现的观战体验。这种方式不需要准备全新的 VR 专用的影像，只要把既存的电视转播转变为一种视听方式即可，实现性很高。

在记者说明会上，富士电视台发言人大多站在演讲台上，面向 100 多位记者及相关人员充满自信地侃侃而谈。"我想灵活运用长期以来制作娱乐、体育、报道等所有影像的长处，使我们公司成长为生产 VR 体验内容的工厂。我们希望通过此次与格力公司的合作，能成为日本具有代表性的 VR 平台、VR 仓库。"

制作引导试听者的故事

"公布合作之后项目纷至沓来。"富士电视台内容事业部部长山口真惊讶于"VR 产品"项目成立后的反响。据说，公布合作后不到半年就不断地收到地方政府等机构的咨询。令他惊讶的是，在这些咨询当中，有人咨询的是制作预算过亿的大型项目。

富士电视台抢在日本其他电视广播网络之前打头阵，其产生的效果很巨大。"现在形成了一个'只要说到 VR 就会想到富士'的印象。"山口真对此很满意。2016 年 10 月，在银座前举办了庆祝里约热内卢残奥会运动员凯旋的游行，富士电视台大胆地实行了 VR 影像的摄影。据说，其契机是全权负责游行的电通公司期望采用 VR 的方式进行摄影，在与富士电视台商量之后做出了这个决定。打头阵的宣传效果可见一斑。

富士电视台的目标是制作专业的 VR。"现状是，现在只有拍摄下来的影像，富士电视台一旦着手去做，就会提供给观众出色的内容。"具有常年报道经验的山口真说道。他还在新闻现场举例进行了说明。"比如，我们拍摄受灾地区的场景，采访记者看着摄像机的镜头说道：'这里是受灾地区，我们来看一下海的情况。'同时,他伸手指向海的方向引导试听者看向大海。然后说明:'海啸正在往这边逼近,居民正在慌张地跑向那座山避难。'甚至说:'海啸已经登陆到那个地方了。'他抬头向上看,试听者也跟着向上看,发现建筑物的外墙有海啸的痕迹留下。用这种讲故事的方式展示给试听者,才是 VR 应该有的报道。这种故事讲述是非常重要的。"

VR 与电视最大的不同之处在于,VR 是视听者来决定看向影像的哪个地方;电视(包括电影)是描绘出分镜头,工作人员将接下来要制作的影像的大体情况共享给所有人——制作人员可以使用摄影技巧仅仅把要展示给视听者看的画面呈现出来。他们追求的是能够使男演员更勇敢、女演员更有魅力的角度和勾画。

VR 不能采用电视和电影的方式。VR 需要拍摄 360 度全方位的影像,把所有的一切都呈现给视听者。现如今,以往的分镜头方式已经行不通了。在制作 VR 时,制作团队就只能抛弃摄影技术,由视听者自己来决定想看的风景。

但是,VR 能够看到所有风景的这个自由度也令视听者感到疑惑。在看 VR 影像时,视听者也不知道该看向哪个方向,只能傻站着。为了引导视听者看向正确的方向,使其充分享受 VR 的乐趣而需要下的功夫就是"故事讲述"。要怎么去引导呢?是通过记者的肢体语言吗?还是视线呢?又或者是音效?因为没有一般规律可循,只能通过不断制作、验证,不断摸索。山口真下定决心:"现在只能先积累经验。"

山口真胜券在握。"改善计算机动画制作的游戏内容投资较高,投资高,量产就困难。在 2017 年、2018 年,VR 内容肯定不足,在这种情况下,活跃起来的就应该是影像系的内容。只要有相机,就能既便宜又快速地制作出 VR 影像,其需求将会增多,填补了内容供给的不足。"

山口真的脑海中一闪而过的是三维(3D)电视的失败。三维电影曾在 2009 年电影《阿凡达》上映的同时得到大张旗鼓的宣传,并成为当时的热门话题。然而这一热潮在一两年之后就沉寂了下来。

"当时,我们电视台也做了很多研究。"山口真回忆道,"但是很快就判断'这个行不通',它有可能对孩子的视觉发育有影响。不能让孩子安心观看的影像,即使是饮一杯茶的时间也不能播放。三维技术一旦流行起来,就不仅是电视,还会应用于电影及软件包。比较遗憾的是,当时还没有形成完善的信息发布环境。"

"因为想吸引人们的目光,所以做了"

大多亮被称为"富士电视台的王牌",在 20 世纪八九十年代推出了《东京爱情故事》《第 101 次求婚》《同一屋檐下》等大热偶像剧作品,其声誉如日中天。

"在这种情况下,速度感和节奏是很重要的。"引作例证的是智能手机游戏《精灵宝可梦 GO》的成功。在"精灵宝可梦 GO"形成社会现象的几个月前,富士电视台投资了《宝可梦 GO》的开发公司——美国的尼安狄克(Niantic)。时机正好,仿佛一切都在预料之中。

"我们公司的员工去美国出差的时候,杰弗·贝索斯(亚马逊公司创始人兼首席执行官)前来跟他们握手,'庆祝历史性的成功'。富士电视台在技术方面很有眼光。但是,他们没想到能够获得这么大的成功。失败就会被人说傻,成功就会被人称赞,这就是投资。"

被称为动画发布的"黑船"[1],成为话题的是与美国网飞(Netflix)公司合作,设立富士游戏公司参与手机游戏制作。富士电视台不再死抱电视不改,而是进行了出人意料的投资,这些

---

[1]黑船,原指江户时代末期出现在日本的美国、俄国及欧洲国家的蒸汽船,有时还特指 1853 年时来到日本并胁迫日本开放门户的美国船队。由于这些船只的船体被涂成了黑色,故称其为"黑船",现日本人用来指代那些外来的、颠覆传统常识的事物。

引起社会轰动的事件背后，都有大多亮的身影。

大多亮抛弃电视了吗？

"富士电视台的中心是电视，这一点永远都不会改变。人们对富士电视台抱有期待，他们对电视台的印象是：'因为是电视台，所以肯定会拍一些有趣的电视剧。'"

"如果没有趣，就不是电视。"富士电视台打着这一口号行走在收视率前列，已是很久以前的事了。2011 年，富士电视台将"收视率第一"的宝座让给了日本电视广播网，试听率急速下降；到了 2015 年，收视率降到了第 4 位，甚至被揶揄"回过头能看到东电（东京电视）"。人们在起居室里一眼不眨地看富士电视台的偶像剧和综艺节目的时代已经一去不复返。

动画发布越来越丰富多彩，手机不断普及，导致消费行为大大改变。此时，迫切需要重新审视长期以来的收视率至上主义，并且迫切从这一框架中跳出来。只要从受规章制度制约的电视行业跨出一步，眼前展开的就是雁过拔毛、竞争激烈的世界。山口真等人的"大多（亮）组"可以被称为马前卒。

从大多亮的视角来看，VR 是几种可能性之一，可以将它视为能够横向开展富士电视台内容制作能力及角色分配能力的全新舞台。

然而另一方面，如果人们沉迷的媒介从电视变更到 VR 的话，有可能对电视台产生负面冲击。因为担心陷入这种局面，大多亮一口否决了："VR只能是对电视起到增色作用的手段，就跟电影事业差不多。"在富士电视台，电影的上映收入根本不能跟电视广告收入相比较，但是即使如此，电影跟电视也是非常亲密良好的关系。不用说，如同"微软战略"——同样影像内容的作品，只要错开播放时间就能在多个媒介上播放，包括《跳跃大搜查线》系列那样既出电视连续剧又出剧场版的人气作品。从电视的角度来看，应该把VR定位为跟电影一样的位置。

"原本想尝试将《十二怒汉》（1954年制作的电影）改编成VR。成为12位陪审员之一，近距离地感受热烈的讨论。这不是很有趣吗？"大多亮如是说道。但是他也没有完全消除对VR未来的疑虑。"说实话，对于VR是否真的会普及，我还是存在疑虑的。戴上那种显示器发型会乱的。"

那么，为什么会下决心投资呢？大多亮只略微思考了一下就回答道："因为我想吸引人们的目光。我喜欢做行业第一，想将游戏王卡集系列延续到底。如果没有这股劲头，就不是富士电视台了。"说完他探出了身子，目不转睛地看向记者这边，接着说道，"'富士电视台肯定会给我们带来有趣的作品'，如果人们对于我们的这种期待消失了的话，我们也就结束了。"

2 乘着设备转换的浪潮

技术革新的困境

如果设备变更的话，赢家也会变更。电脑、移动电话、智能手机及新型设备问世的时候，总会伴随着新的英雄诞生。有光的地方必然有阴影。2012年，格力公司误入这一片阴影之中。

移动电话于2000年普及。在现在称为"多功能手机"的这个设备上，格力公司开发出了《捕鱼达人》《探险托里兰托》等社交游戏，并因此大获成功。创始人田中良和在媒体取材及各种活动上左右逢源，格力公司一跃成为时代的宠儿。

转折点突然来临。2012年5月，消费者厅[1]出面管制社交

---

[1]消费者厅为日本的行政机关之一。

游戏《通关扭蛋》爆发性收益能力的来源。这一支撑商务根本的项目被"揭发",给格力公司带来了正面打击——就像从坡上翻滚下来一样,收益急剧萎缩。

与此同时,有一款游戏却迅速地提升了知名度。它就是工合在线娱乐公司的手机游戏《智龙迷城》。

把同样颜色的"宝珠"连在一起就能消除,这种益智游戏并不是新奇的东西,名为"噗呦噗呦"的经典游戏就是这样的玩法。《智龙迷城》的特征就在于,它的操作方法是用手指在触摸屏上通过点触来移动宝珠。

因为多功能手机玩游戏的操作方法就是"吧唧""吧唧"地按压键盘上的键,所以缺乏爽快感和代入感是它的弱点。复杂并且需要迅速操作的动作游戏不受欢迎,反而是类似于卡牌游戏——使人有一种被带入游戏角色中的感觉,这类游戏受众很广。可见,多功能手机的"吧唧""吧唧"游戏是敌不过活用了触摸屏直观操作的智能手机游戏的。

格力公司并没有对战线后退的情况无动于衷,而是收购了美国 OpenFeint 等公司,并引进了智能手机游戏的开发技术。即使如此,它距离成功还很遥远。"在公司的主要收益来源于多功能手机这样一种状态下,我们一直拿不准要投入多少人力、物力到智能手机上,没能改变经营资源的分配及经营层、员工的意识。"有一位经理这样回忆道,他们陷入了哈佛商学院克莱顿·克里斯坦森教授提出的"技术革新的困境"之中。

另一方面，出身于格力公司、开创了科洛普尔公司的马场功淳在 2011 年的时候就确信：VR 时代会到来。马场功淳将公司开发体制转换成专攻智能手机，并一下子推出了《魔法使与黑猫维兹》《白猫计划》这两部大获成功的热门游戏，这对格力公司来说真是讽刺。在追求结果论的现在，格力公司没能彻底预测到智能手机的将来。

在多功能手机发展到智能手机的过程中，格力公司由于徘徊失策，导致经历了一段痛苦的时期，而这段经历正是激发格力公司在 VR 领域有所作为的原动力。

"跟苹果智能手机的发展经历相似"

格力公司最开始公布的 VR 内容是"VR 萨拉与毒蛇王冠"。这是一款两人一组进行挑战的逃脱类游戏，在 2015 年 9 月"东京游戏展"上进行展出。负责推进工作的是荒木英士董事。他是一位初出茅庐的风险投资者，从毕业开始就在格力公司任职，是一位老资历领导。

2013 年，荒木英士阅读了美国未来学者雷蒙德·库茨魏尔的著作中有关"人类的视觉和神经的联系是科学的进步"的论述，从而对 VR 开始感兴趣。2015 年春，他体验了当时还在开发中的 PSVR 之后，决定将自己公司的游戏拿到"东京游戏展"上展出。总之，他就是想为自己把 VR 当成工作找一个"借口"。当时成立的是一个只有 2 人的开发小组。"要写事业计划书，等候公司的批准，然后拿到预算。这一系列的手续太费时间。所以，我组成能够灵活运转的最小单位的小组来试着制作模型（测试品），以此作为开端。"

首先，制作使用最小限度预算能够做出来的测试品。荒木英士认为，把制作出来的内容拿去给别人体验是开创事业的捷径。只要核心体验是全新的、有趣的、细致的故事情节，角色设定等以后进行修正也是有用的。这个想法，是格力公司制作智能手机游戏必须遵守的规则之一。

12 月，荒木英士和青柳直树（当时为董事，2016 年 9 月离职）一起去了美国。在硅谷及洛杉矶等地，VR 风险投资商不断出现，吸引了大众的目光。据说他们在 3 天内拜访了约 30 家公司，视察了 VR 热产生的源头，荒木英士终于确信了 VR 的未来。"在美国，VR 工程师之间的交流及技术样品的制作到处都在进行。如果日本不加快速度的话，就追赶不上了。"回国后，他一个接一个地公布了一系列增加 VR 市场活力的措施，包括设立 VR 基金、将 VR 相关人员召集起来召开"日本 VR 峰会"等。与此同时，他还与宏达国际电子公司及富士电视台、阿多兹等公司进行了业务合作。

"我认为跟苹果智能手机很相似。"田中良和总裁回忆 10 年前的情形时说道,"苹果智能手机问世的时候,市面上对其有'电池耐久不行'等各种评论。即使如此,人们还是觉得它是手机发展延伸线上从未有过的全新的设备。我觉得现在的 VR 跟当时的苹果智能手机很相似。"

设备更替的瞬间必定会带来冲击。正是亲身经历过这个冲击力度有多大,才知道顺应即将到来的潮流而发展的时期是多么的重要。"重要的是格力公司能做什么,然后预测应该做什么,按什么顺序去做。在智能手机领域,主营短信应用程序的美国 WhatsApp 公司市场价值已达到了 2 万亿日元。一方面,如果方向错了,企业价值就会变为 0。在对智能手机的反省中我们学到了很多。"

"将谁都知道的规则应用到 VR 中,不也是一件有趣的事吗?"荒木英士拿扑克作为例子。世界上所有人都知道的,在玩扑克游戏的时候不需要说明规则。无关于语言,世界上无论是谁都可以一起玩扑克。迄今为止,有好几款玩扑克的图像游戏,但是,只是一味地更换手中的牌很单调,也就只能用来打发时间。

如果换成 VR,就能和朋友一起进入虚拟的空间,能够一起围在桌子旁打扑克牌。仅这一点,就已经非常有趣了,再加上把以往游戏中剪掉的冗长的部分"故意"保留下来,游戏就会变得更加有趣。"比如说,坐在旁边的人要偷看我的牌,被偷看的人慌忙用手挡住自己的牌,这也是有趣之处。""石头、剪刀、布"、捉迷藏、反方向扭头游戏等,都是我们小时候就熟悉的游戏。玩这些游戏的乐趣的本质是什么?只是思考这一个问题就能获得很多 VR 内容的灵感。

3 报道的现场在变化

引起共鸣的报道

2013年，小笠原群岛中的无人岛——西之岛由于海底火山喷发而显露新岛身形。首次登陆这个无人岛并进行拍摄的是富士电视台运营的网络专门部门"报道局"。而且，他们使用的是360度相机，拍摄得到了环境省工作人员的协助。作为该报道局的报道记者，并力图成为一名政治家，目前负责"报道局"的清水俊宏说："用相机进行拍摄没有那么难，但是我们想拍摄只有电视台才能拍摄出来的影像。"

比如说，把相机放在会场的正中间，对国会审议进行现场直播，在受到在野党质问者唇枪舌剑般的追问时，内阁总理、大臣等会露出什么样的表情？对答辩中的总理喝倒彩的是在野党议员中的哪个人？这些在电视现场直播中不会播放的场景全都会公之于众；现场中不理会审议情况、径自熟睡的无礼之人，也会被观众看到。

虽然用360度相机对国会审议进行现场直播的道路还很远，但是富士电视台已经取得实际的成绩并拥有一定的人脉，所以能进入一些场所，拍摄一些获得拍摄许可的场景。报道是用文本格式、照片、动画，还是360度影像？目前，富士电视台着意招聘的是能够充分考虑取材对象的特征、传达给观众的信息且选取最合适的报道手法的复合型记者。

在日本，2016年2月日本广播协会（NHK）也开始播放VR新闻（NHK VR NEWS），已公布近30档360度影像节目。日本经济新闻社也几乎在同一时期公布"日经电子版"，播放360度相机拍摄的影像内容。日本经济新闻社在大和控股公司的"羽田计时"大型配送分拣中心的货物上安装了摄像机，拍摄了货物通过无数纵横交错的传送带流转发货的情形。

走在前列的美国

在VR报道领域，走在前列的是美国。2015年，纽约时报社将使用智能手机视听VR的谷歌公司出品的简易头戴受话器免费提供给读者，以此进军VR领域；2016年，与韩国三星电子公司合作，研究日常发布的VR内容。这也迫使ABC广播公司和哥伦比亚广播公司等开启同样的事业。

进入 2017 年，将 VR 报道正式化的是专门播报新闻的美国有线电视新闻网。其负责 VR 的杰森·法卡斯副总裁说："所有记者的使命都是，用最有冲击力的方式将事实传达给大众。VR 比以往所有的媒体都具有冲击力。"

迄今为止，美国有线电视新闻网尝试过用 360 度摄影方式用来拍摄——至今仍然暴露在空中轰炸威胁下的叙利亚北部阿勒颇、遭遇恐怖袭击的巴黎市区、举行唐纳德·特朗普总统就任仪式的华盛顿。"VR 把人们对于新闻的各种各样的见解和立场都体现了出来。"美国有线电视新闻网计划在 2017 年后投资几亿日元于 VR 上。

在美国，有的体验内容是再现杀人事件，让人仿佛置身于案发现场。不再作为旁观者，而是变成其中登台亮相的人物。VR 强烈震撼着体验者的感觉，让体验者有时甚至不知道自己是谁。美国影像作家克里斯·米尔克将 VR 形容为"感情移入机器"。

"要站在对方的立场考虑问题。"很多人都被父母或者老师教育过这句话，VR 正是成为"除了自己以外的别人"，有了将自己的感情与别人的感情重合的体验。

VR 报道的瓶颈是器材。在电视节目的摄影中，使用的是普通人买不起的昂贵摄影器材，这保证了影像的品质。VR 的现状是，这种专业的摄影器材还很少，业余爱好者和专业人员使用的是同样的器材。现在是以新奇的体验为优先的 VR，下一步肯定会在意画质等方面的品质。

4 VR 引起的广告界变革

从收视率向"收视品质"转变

电通公司于 2016 年 11 月设立职能部门——"Dentsu VR Plus"（电通 VR +），将 VR 定位为"全新的通信革命""势必在所有行业掀起技术革新"。

在成立新部门的同时，电通公司又召集电视台相关人员 500 人召开讨论会，意在把旅游景点和主题公园等视为"沉睡着 360 度影像视听最合适财富"的地方。据说，比起东京核心电视台，更有危机感的地方电视台也表现出了对 VR 的关注。如同在旅游目的地物色特产一样，如果 360 度影像能够无缝地实现地方观光景点巡游与特产购买等舒适的体验，将会产生巨大的商机。

从现状来看，"电通 VR +"所重视的是创造出体验 VR 的场所。作为第一步，眼下正在着手进行的是"VR 剧院"，将头盔显示器配发给网吧、酒店等场所，构建一个无论是谁都能轻松体验 VR 的环境。因为即使 VR 成为大众传媒，一旦体验人数提高不上去的话，也就无济于事。他们制订的计划是：到 2017 年年底，VR 剧院增加到 1 000 个。

电子平台中心企划调查部部长足立光是"电通 VR ＋"的核心成员之一，他沉迷于 VR 的魅力之中已逾 20 年。"我一直被别人当成怪人。"他说道。1995 年阪神淡路发生了大地震，他最先尝试在神户市使用美国苹果电脑（现苹果）公司的"QuickTime VR"（初级虚拟实境技术，即将相机拍摄下的影像制作成一连串全景影像的技术）记录下受灾地的情形。时代终于开始往足立光预测的方向发展，VR 时代即将到来。"VR 会成长为跟电视一样的大众传媒，一定会给广告商业带来变革。我现在就想大干一场。"

VR 跟广告具有很高的协调性。"电视是客观的媒体，VR 是主观的媒体。"这句话出自万代南梦宫娱乐公司打造了 VR 专用设施的小山顺一郎之口。在虚拟空间中进行的"广告体验"一定会给观看的人留下强烈的冲击。这是一项传达商品魅力的、广告行业绝对不会视而不见的技术。

在 VR 广告界也走在前列的还是美国。美国 Immersive 公司特别制造了能够用手机进行视听的移动式 VR，也着手制作 VR 广告。把 360 度影像所呈现的 30 秒夏威夷旅行商业视频插入手机视频内容中公布。视频虽然有中途跳过的功能，但是据说有

70%的观众都把广告看完了。埃里克·钟代表说："在想要这种内容的时候，就算它是广告，观众也能愉快地观看。"

他们策划了好几种在虚拟空间中播放广告的表现手法，可以在虚拟空间中形成巨大的屏幕，播放已有的电视广告；也可以用计算机动画在眼前展现三维的商品信息；还有办法将室内装潢或者饮料之类产品的三维信息配置在虚拟空间中供人观赏。在虚拟空间中，如果在观看体育节目转播的同时还一起干杯畅饮啤酒的话，体验者可能在现实中也变得想喝啤酒。无论如何，VR将会使广告跳出长期以来的电视及视频广告的框架，从而实现多样的广告表现形式。

就像网络广告一样，VR广告营造出的是目前的广告文案无法呈现的全新世界。广告行业要如何应对这种变化？足立光说："观众是否能体验到制作人员希望他能体验到的内容，这一点是VR广告的重点。仅仅用视听人数来衡量是没办法全面判断效果的。我们考虑的，不是像电视节目那样注重收视率，而是更加重视'视听品质'。"

能够强烈震撼人的情感的VR能给人留下深刻的印象。如果VR广告引起人"晕VR"的话，那该怎么办？如果VR广告的影像不恰当，给观众带来不适感的话，又该怎么办？强烈的冲击感除了积极影响之外，还会带来较大的消极影响。认清VR广告是把双刃剑就能理解评估视听品质、管控VR体验的质量的重要性。

向 MR（复合现实）进化

视听品质要怎么去测量？其中一个方法就是视线感知。

将体验者注视虚拟空间的哪个部分、看了多长时间这些信息可视化，像能够感知红外线将热量分布可视化的热成像仪一样，制作出把视线集中的程度用不同颜色标示出来的"热分布图"。如果把虚拟空间中呈现的一部分广告完全涂成红色，这些广告就会吸引更多的体验者的目光，做到这一步也可算成功了。如果广告颜色苍白，要想吸引视线就必须进行变更展示的位置等一系列的努力。仅这个视线感知功能就是现在的电视广告所做不到的技能，也可以凭借这个功能让不愿意刊登广告的广告主哑口无言。

视线感知技术正处于发展阶段。现有的头盔显示器只能通过头部的运动来推测视线的方向，在不久的将来，能够通过监视眼球的运动来追踪视线的头盔显示器将会问世。由科洛普尔公司及中国台湾鸿海精密工业公司等出资，在日本研发的 VR 风险投资公司 FOVE，目前研发的正是带有视线感知功能的头盔显示器。

足立光说："现在所看到的并不是 VR 的最终形态。它将会融合增强现实、人工智能，变得更为简单。也就是所谓的 MR（复合现实），然后它会超出娱乐的范围成为所有行业的基础。"

关键人物访谈之五: 现在处于制定规则阶段

——访格力公司的会长兼总经理田中良和

田中良和，1999 年毕业于日本大学法学部，在索尼通信网络公司工作一段时间后，于 2000 年入职乐天公司。2004 年 2 月，他从乐天公司辞职后，出于个人兴趣创立格力公司，2014 年开始兼任格力公司董事长一职。

——您是什么时候接触 VR 的？

"我很久以前就知道有这一项技术，到 2014 年的时候才真正接触它，也就是美国脸书公司收购虚拟现实公司的时候。之后，我去体验了宏达国际电子公司的'VIVE'，对'与以往的 VR 完全是不一样的世界'这一感觉记忆犹新。当时出现在我脑海里的是 2007 年的苹果智能手机。它也因启动重要程序之后电池不耐久等问题而受到各种各样的批判。即使如此，人们还是认为'它跟以往的设备都不一样'。在提高液晶显示装置的画质上，有过好几次连续性的技术变化，几乎没有非连续性的变化。我们即将步入的是一个 VR 以势不可当的势头戏剧性发展的世界。"

——您坚信 VR 时代一定会到来,是吧?

"重要的是做出什么产品。苹果智能手机如果做出不一样的应用程序也会有完全不一样的结果。交流应用'WhatsApp'的企业价值已达到 200 亿日元。当然,也有过做出来的应用 1 日元的价值都没有的事例。VR 时代肯定会到来。但是,我们要去做什么?按照什么样的顺序去做?企业价值有可能是 0,也有可能是 200 亿。格力公司举办 VR 活动'日本 VR 峰会',也是为了收集 VR 信息与认识关键人物,以形成人脉。"

——已经公布了好几个 VR 游戏。

"现在我们还处于提高开发能力的时期。跟智能手机的初始期一样,我们现在也基本上没有专业人员,所以还在摸索。说起游戏,表示角色体力值的量应该放在哪里、分辨率该设定为多少像素等这些问题都是第一次遇到。我们只能这样一步一步不断地提高开发能力,对于制作出来的东西进行详细验证。我们现在很多事情只有去做了才知道。"

"回过头去看,多功能手机也是一样,比如网络虚拟形象的昵称是限定在 5 个文字以内还是限定在 10 个文字以内,规则一条一条定下来。我们现在正在制定 VR 行业标准。智能手机经过了三五年之后诞生了大热游戏，VR 也要抱着这个决心踏踏实实地干下去。"

——您怎么看待可移动 VR 的可能性？

"与高端 VR 比起来，可移动 VR 的市场规模应该是呈压倒性地不断扩大。智能手机的性能戏剧性地提高，总有一天能够媲美利用电脑驱动的高端 VR。现在高端 VR 能实现的东西，可移动 VR 也能实现。正如上网的行为发展成可移动式一样，VR 的体验也正在发展为可移动式。只是，手机的进化大大超乎了我的想象，所以我现在对 VR 进行的预测也不是全部。"

——从多功能手机进化到智能手机，其间经历了挫折。

"我们在很早的时候就投资了智能手机游戏，从没有导致损失几百亿日元这种程度的后果。我们认识到了看清形势的重要性，所以我们要认识到自己擅长哪方面，知道自己想做什么。最近，我们在智能手机领域制定了以动作角色扮演类型为中心来进攻的方针。要想在游戏行业取胜，就有必要确立属于自己的方式，确定自己要用怎样的方式去赢取胜利。"

"从多功能手机转换到智能手机的那段时间里，我们经历了各种各样的困难，我们现在能够看明白哪个领域我们可行，哪个领域只是歪打正着——从公司能力的角度考虑，必须放弃。与富士电视台的合作,也使我们认识到:仅凭格力公司一己之力,是做不出有趣的影像的。着手去做不知道难易程度的事情的话,效率会很低下,所以我们不会去做。如果在智能手机领域能有偶然歪打正着的情况,那我们就是什么都没有考虑就达到了现在的情况。只是,大获成功的作品是不可能歪打正着的。所以,我们要制定属于我们的方式来不断地积累经验。"

关键人物访谈之六：
做好失败的精神准备，迎接挑战

——访富士电视台董事大多亮

大多亮，1981年进入富士电视台报道局，90年代以电视剧制作人身份崭露头角，制作了《东京爱情故事》《第101次求婚》《同一屋檐下》等非常多的大热作品。2012年，他开始担任富士电视台董事，著有《杀手——用电视造梦之人》一书。

——2016年5月，"F×G VR产品"成立。

"关于影像制作的询问纷至沓来，负责人每天都像拉车的马一样拼死干活。渐渐地，人们提到VR的写实摄影就会想到VR产品。想要在观光景点或祭祀活动地区这类具有空间上魅力的场合使用VR技术进行拍摄的需求越来越多，因此会成为话题，也会成为地方政府或企业的公关手段，还能作为影像财富保存下来。也有很多声音：面向2020年，希望进一步提高入境旅游事业。"

"我们设想的是，拍摄下来的VR影像在智能手机上也能视、听，基本上是以在优兔、脸书网站上公布为前提进行摄影的模式。其中，有广告商预算规模以亿为单位的事例，但总的来说，大部分都是普通事例。只要我们做出实际成绩来，我们就能做出更加华丽的东西。首先，我们从'能够找我们商谈'这样一个形象起步。无论如何，现在积累经验是很重要的。"

——有运用到制作电视节目的经验吗？

"这是当然的。充斥市场的 VR 影像全只是拍摄下来的作品。这些作品一开始会让人觉得有趣，但是很快就会腻味。关键就在于'接下来请看这边''这里是有趣的地方'这类故事讲述的制作。这是制作电视剧时一直在做的事情。富士电视台将'AKB48'进行角色分配制作的恐怖情节，就有着严谨的故事叙述。情节中，有以发出尖叫声吸引体验者回过头来这类的设定，也有进行到一半时都是按照设定好的内容展开，突然就把体验者单独隔开来这种恐怖体验。我们考虑了很多。"

——一旦 VR 普及开来，电视的收视率就会下降，是吧？

"与其说下降，倒不如说它会给电视带来正面作用。举例说，也有利用 VR 制作新的内容，吸引人们看电视节目的情况。以我这个电视制作人的感觉来说，VR 的协同作用要大得多，因为电视节目没办法用 VR 本身的形式来观看。过去录像机和数字多功能光盘（DVD）问世的时候，我也有过危机感，但在 VR 上我并没有这种危机感。就算把这件事当成新技术的挑战，也能为富士电视台的品牌打造做出贡献。这个项目也渐渐得到了公司内电视剧及综艺节目成员的理解。"

"我个人认为，VR 类似于电影事业。电影的上映成绩跟电视广告收入相差甚远。即便如此，电影事业也充当着孝子的角色，给无线电视带来了好的影响，两者之间构筑了非常亲密的关系。今后我们要发展 VR 与无线电视和电影之间的关系，这正是我们富士电视台展现实力的好机会。我希望能把作为大众传媒的富士电视台的优点及作为大众传媒的存在感活用到 VR 上。"

——在数字领域的投资不断地增加。

"失败了会被人当作傻瓜，成功了会大受赞扬，这就是投资的妙趣。如果觉得这项技术会成功，那就应该立刻去做。生产现场的人也许会考虑收支情况，但以我的立场来看，何不放手一搏？如果现在的富士电视台失去了速度感和发展势头，那么凭借 VR 这一契机重新恢复我们的发展，不是一件很好的事吗？"

"以前电视不做新的革新也能赚钱，但现在情况不同了。思想上必须做好失败的准备，以此进行创新。不能止步于电视事业，必须拓宽事业。"

——为什么这么追求速度?

"我想引人注意。富士电视台喜欢做行业第一。我想把这个基因发扬光大。没有这股劲头就不是富士电视台了。不仅仅要让人觉得富士很厉害,也要去尝试让人们觉得'富士是傻瓜吗'之类的事情。对于年轻人来说,不可能让他们只专注电视,富士要引进技术并把它变成自己的东西,不断磨炼技能制造出让人发出'原来如此'这样感叹的作品。说实话,到现在,我仍然怀疑VR是否真的会普及。头上佩戴这么大的一个设备,发型都要乱了。但是,我也不能阻止我的下属去进行尝试,我不想做那样糟糕的上司。"

"我想用VR制作电视剧,想做的是著名电影《十二怒汉》的VR版。成为12人中的一人,把白热化的讨论搬到体验者的眼前。只要出现有趣的内容,VR就会一下子在普及的路上跨出一大步。"

第六章

一切皆能体验
——医疗、不动产、灾害对策及其他

1 扩大的应用范围

激活处于沉睡状态的 3D 数据

VR 的可能性将超出娱乐的范围扩展开来。医疗、住宅选择、灾害对策……VR 给所有领域都带来变革。

2017 年 1 月 13 日夜晚,在东京都墨田区的东京都立墨东医院,在结束诊疗后安静下来的手术室里聚集了医师和护士等几个人。乍一看他们像是在做手术前的商谈,但情形跟以往都不一样,因为他们都戴着与手术服不相称的头盔显示器。

虚拟空间中浮现的是癌症患者肝脏的三维画像。医师们在虚拟空间中边走动边观察巨大的肝脏内部。医师和护士们都有一种进入科幻世界中的神奇的感觉。有经验的医师说道:"看,这个地方静脉猛地扭曲了,记住这个角度。"年轻的医师在一旁大幅度地点头。

他们使用的是 VR 风险投资公司 Holo Eyes(全息眼)开发

的 VR 系统。呈现在虚拟空间中的三维画像，是使用计算机体层摄影设备（CT）拍摄下的数据制作而成的。如果同时购入头盔显示器及驱动头盔显示器的高性能电脑，需要花费 20 万～30 万日元，这个价格在几千万日元或上亿日元价值的设备都不稀奇的医疗现场是很便宜的。

"手术的成功，不可或缺的是在手术前主刀医生和助手共享画面信息。"墨东医院肝胆胰外科主任医师春山泰治说道。操作控制杆展示需要动刀的位置和角度，在三维画像上用不同颜色打上标记来确认动刀的顺序。"通过平面画像来说明动刀的情形，无论如何都会与经验和想象力有一定的偏差。VR能修补这一偏差。"

全息眼公司的首席运营官、外科医生杉本真树强调说："虚拟空间中，用自己的脚走路，对于确认三维画像的效果非常好。"在虚拟空间体验过的记忆，能够运用到紧张的正式手术中。杉本真树说道："借手术室很困难，但这是重要的因素。""要想使得 VR 体验更浓厚，事前'炒热气氛'很重要。医师一旦穿上手术服走进手术室就仿佛开启了开关。在戴头盔显示器之前，先让他们做好体验 VR 的心理准备。"

杉本真树从事医疗上为患者拍片等相关工作已 10 年有余，是这个方面的专家。"有医疗知识和经验，又懂得技术的人才很少。"因此，杉本真树很自豪。他与通过游戏制作磨炼能力、想通过 VR 开辟新事业的谷口直嗣一起，在 2016 年成立了全息眼公司。两人是在推特上互发信息交流，觉得意气相投后结识的。杉本真树利用他的人脉，将系统运用到医疗现场，不断地接受反馈，不断地对系统进行改良。近来，冲着全息眼公司的名气前来咨询的医院多到踏破门槛，人气高到"有时候要回绝"的地步。

"在日本的医疗现场，会很频繁使用 CT 进行拍片。实际上，日本拥有世界第一的三维数据库，然而，这些宝贵的资源基本上没有被灵活运用，依旧处于沉睡状态。"杉本真树的目标是有效活用医疗用三维数据，VR 是活用的手段之一，美国微软公司的复合现实设备"HoloLens"（全息透镜）也迫切需要系统开发。"如果能在世界范围内获取到各种各样的医疗用三维数据、与现在所患疾病极其相似的过去的数据，就可以在决定治疗方法等方面起到参考作用。"

"访问"设计中的新家

自由建筑师设计事务所正打算使用 VR 进行住宅设计体验：人们能够在虚拟空间中"访问"设计中的新家；能够确认从厨房能不能看到起居室，天花板是不是够高等；是一个不需要维护费，随便你怎么插手的全新的住宅展示场所。

2017 年 2 月，该设计体验开始出现在与委托人的商谈中。"即使是设计人员，不亲自去现场，也会出现失败或者不周到的地方。"事业开发部部长长泽信说道。买房子，是人一生中不允许出现一次失败的事情，外行光看平面上精细地描绘出来的图纸，是没办法想象房子的构造的。近年来，一般采用的方式是，使用计算机动画，在监视器上能够看到房子的构造，但是人无法通过小型设备上显示的画面检查细小的部位，没办法想象居住在里面的感觉。如果是 VR 的话，只要指定时间和场所，连从窗外射进来的阳光都能再现，可凭此来调整窗的大小和位置。

他们使用的是基于 BIM（Building Information Modeling，建筑信息模型）的大公司欧特克（Autodesk）的"Revit"软件。Revit 于 2016 年 9 月上市，被应用于 VR，可以使用游戏制作引擎"Stingray"对数据进行详细的编辑和加工。长泽信与家具厂商、建材厂商合作，将人们想放在新家里的沙发、桌子、窗棂在虚拟空间里再现，它们是与实际购买相结合的结构。通过这个结构，人们能够找到与居室完全符合的床，以及使客厅看起来气派的沙发，可以防止在搬家当天才发现床搬不进居室。

家具及建材的三维数据很少。虽然有些厂家正在抓紧制作商品的三维数据，但整体上数据还不多。不仅仅是住宅，对于办公室设计，他们也在认真地考虑使用同样的结构。如果使用 VR 购买家具变成理所当然的事，那么没有三维数据的厂家，其商品甚至连被选择的机会都没有。

"我想把自由建筑师的行动方式也改变。"说这话的长泽信给我们看了一张戴着头盔显示器的男性的照片。这是在美国设计事务所拍的照片,他用兴奋的口吻说:"这个事务所正在使用虚拟空间进行建筑设计。"就跟给办公室的每个人分配一台电脑一样,有可能有一天每人都会分配一台头盔显示器。"如果工作能在虚拟空间中做完,那么工作场所也可以不在事务所里。世界上已经有公司正在进行实践。"

在灾害对策和支援方面也能活用

开始使用 VR 进行灾害对策及支援的是电信运营商凯迪迪爱（KDDI）公司,使用 VR 进行灾害的模拟体验,学习紧急情况下适当的应对方法。灾害对策从"知识"转变到"体验"。首款软件是面向西日本旅客铁路开发的驾驶员训练软件,开发时间约为 3 个月,2017 年 4 月起依次导入。

该软件的施展舞台设定为纪伊半岛沿岸纪势本线"新宫站—串本站"之间约 43 千米的路程。根据和歌山县的调查,太平洋海面发生"南海海沟巨大地震"时,高约 10 米的海啸会在 4 分钟之内到达位于纪伊半岛最南端的串本町,预测最大海啸浪高为

17 米。

在纪势本线车辆上安装 10 台特殊相机拍摄沿线风景，像素约为 Full HD（全高清）的 20 倍、4K 的 5 倍，也就是相当于 9K 的像素拍摄下来的 360 度影像；每秒显示帧数（帧率）为 60，相当于电视节目的 2 倍。因为影像播放很流畅，所以不容易引起"晕 VR"。它需要用到宏达国际电子公司出售的"VIVE"。为了配合搭载的两块分辨率为 1 200×1 080 的有机发光电子板，拍摄下来的影像被编辑成 6K 影像。在开发过程中，使用 8K 时帧率会下降到 30，与该条件下生成的影像进行比较验证。"6K 的话，驾驶员能够清楚地识别标志上的文字。"商务物联网企划部主任前田里美说道，出于这个原因，他们选择了 6K 和 60 帧率。

训练领域正是关键所在

戴上 VIVE 眼前就是驾驶席。右侧显示的是，根据海啸时用颜色表示预测出来的浸水深度的"浸水区域地图"，能在地图上确认即时的行驶地点。面向前方，视线上方会有蓝色的网格线不断地上下浮动，将浸水深度的预测可视化，车辆整体浸没于水中的情况一目了然。

现在开始正式的训练。令人不愉快的警笛声突然响起来，表明发生大地震了。这时，体验者要在地图上确认到最近车站的距离及所在位置的地形，然后利用手边的控制器来加速赶往最近的车站，并判断中途是否需要紧急停止。

以前，也有指挥官和驾驶员观看电视影像，确认如何应对灾害的训练。但是，这种方法只能看到画面上显示的情形。如果是能够看到360度的影像，就能再现从驾驶席的视角看到的建筑物和道路。实际上凯迪迪爱公司在做测试时，驾驶员就高度评价道："甚至能看到灾害现场的情形。"训练之后能说出目标物体，在进行讨论的时候也能更加具体。

凯迪迪爱公司投资并推广使用纸箱制成的简易装置来进行VR体验的盒子眼镜，制作相隔两地的人能够进入同一个虚拟空间进行交流的体验内容，积极地发展VR业务。在灾害对策支援的计划中，集结了公司内部有VR知识的人才不断地进行讨论。

在未来将会探讨再增加一些功能，比如将能够计算心跳数的可穿戴终端运用于监管训练中的驾驶员的精神状态、按照恰当的顺序对追踪视线进行安全确认。目标对象不仅仅是天灾，还有工伤，我们也考虑制作模拟工厂内发生工伤事故的体验内容。

也有相关人员将这些训练领域视为VR的关键。很少有人在一生中会经历多次大地震或者海啸。为了应对不知道什么时候会到来的"万一"而进行灾害对策训练，但是无论积累多少知识、重复多少次印象训练，真正发生灾难的那一刻的体验，才是"初次体验",这一点是不会改变的。

如果运用 VR 的话,在一生中只能体验一次的事情就可以体验很多次。在不允许失败的那一天到来之前,可以用 VR 失败很多次。不是去了解去看,而是去体验。这是很大的一个变化。

2 将超精细和超高速应答做到极致

VR 才有的超精细

VR 是发展中的技术。索尼互动娱乐公司的 PSVR 及美国虚拟现实公司的"Rift"不是完成形态。

日本显示器公司（JDI）开发了应用于 VR 的入侵防御系统（IPS）液晶嵌板，2016 年 12 月开始出售样品，远超智能手机的超精细影像及 VR 必不可缺的高速应答是其卖点。影像的高精细化是 VR 需要解决的课题之一，对 VR 等于有机发光电子板这一常识发起了挑战。

"长期以来，日本显示器公司给人较深的印象是从事智能手机相关的公司，将来日本显示器公司会在智能手机以外的领域也不断地成长。"2017 年 1 月 25 日，日本显示器公司在东京新桥举办了技术展示会。有贺修二总裁列举的与车载、航空、医疗并列的重点领域是 VR。

应用于 VR 上的液晶是日本显示器公司擅长的 LTPS（低温多晶硅）液晶——3.42 英寸的小型嵌板，分辨率是 1 440×1 700。一部头盔显示器每块镜片搭载一枚，共计两枚。使用两枚嵌板对应因人而异的瞳孔间距，这是虚拟现实公司及宏达国际电子公司等企业所采用的方法。

这两枚嵌板精细度超高。每英寸像素（ppi）为 651。即使是普遍应用于智能手机的 5 英寸全高清（1 920×1 080）的每英寸像素也才只有 441，两相对比就知道它的像素有多高了。PSVR 的像素还不到 400。

每英寸像素达到 400～500 时，人们的裸眼就识别不出区别。但是，头盔显示器的结构是人们通过透镜观看被放大的置于眼前的嵌板，因此，即使是普通高精细的嵌板画面，也会变得粗糙。追求每英寸像素超过 600 的超精细嵌板就是出于这个原因。执行董事永冈一孝说："现阶段需要这么高精细度的领域也就只有 VR 了。反过来说，没有 VR 也就实现不了这样的嵌板。"

现阶段头盔显示器一般使用有机发光电子板，瞬间切换画面的高速回应速度是其长处。液晶的回应速度为十几毫秒，影像的速度跟不上头部运动的速度，影像就会模糊。影像模糊会使 VR 体验的舒适度大打折扣，成为"晕 VR"的原因。

出于这个原因，在开发中途，PSVR 与 Rift 也被液晶替换成有机发光电子板。从此，人们对于 VR 的印象就是有机发光电子板了。

以毫秒为单位的战斗

现阶段，制作中小型有机发光电子板的企业只有韩国三星电子公司。这种可以称为生命线的显示器被一家公司握于手中，在这种状态下，与其相关的人员感觉到了危机。有机发光电子板似乎即将应用于苹果智能手机，由此会带来紧张的供需关系，让人担忧。也有人认为，"三星优先供给智能手机，会阻碍VR生产"。正因如此，人们对于日本显示器公司的超精细液晶抱有很大的期待。

日本显示器公司的VR专用入侵防御系统黑白液晶，回应速度控制在3毫秒以下。从组成开始仔细推敲液晶素材，连薄膜晶体管与配线的设计也变更了。永冈一孝骄傲地说："正因为日本显示器公司非常了解低温多晶硅，所以才能将之变为现实。"

当然，液晶是达不到有机发光电子板1毫秒以下的回应速度的。即使如此，据说，"只要明确了厂家的要求就没有问题。在商谈时，厂家也会注意精细度的高低"。厂家在意的是系统整体发生的延迟。研究表明，延迟超过20毫秒人们就会感觉到异样，所以PSVR的延迟控制在18毫秒以内。回应速度为十几毫秒的液晶产生了接近20毫秒的延迟。而日本显示器公司的VR专用液晶回应速度为3毫秒，最慢是五六毫秒，这个速度是在厂家允许的范围内。

如果能用回应速度来明确要求水准的话，接下来就是靠精细度来决胜负了。有机发光电子板很难实现超精细，如果要以精细度取胜的话，液晶就有很大的优点。更甚者，永冈一孝说："液晶造价比有机发光电子板便宜。"在精细度和造价上都有优势的话，商谈也能更进一步。"我们已经开始接受订单了，希望 2017 年秋，搭载了 VR 专用液晶的头盔显示器也能在市面上销售。"

永冈一孝的目标更加高远，努力消除现实与虚拟空间的分界线。在索尼公司从事 VR 开发的高桥泰生说："要在 2017 年内销售超过每英寸像素 800 的嵌板。我个人的目标是在年内实现 1 000。我们的目标是进一步提高精细度。我们已看清了前方的道路。"对此他很自信。

每英寸像素 1 000 是 3.3 型，分辨率为 2 160×2 440，再生速度估计为 120，回应速度也会进一步提高。开发团队也在讨论使用塑料基板，产品规划图上规划的是 2019 年开始量产。

永冈一孝感兴趣的是总承包型的商务。所谓 Turn key 就是"转动钥匙就能使用"。如果把日本显示器公司的超高精细液晶及配合液晶制作的最合适的透镜和软件配套起来一次性出售的话，头盔显示器进入市场的壁垒就能下降，并且会产生相应的需求。永冈一孝指出，甚至还会进一步形成"要想发挥超高精细显示器的价值，必须有透镜"的关系。显示器是头盔显示器的核心部件。日本显示器公司的超高精细液晶将会起到牵引作用，使 VR 系统整体技术革新进一步向前发展成为可能。

3 追逐视线

在学术领域磨炼出来的技术

如果有感应视线的功能，就可以用目光操作游戏，也可以将广告刊登在容易吸引视线的地方，诸如此类 VR 促使各个领域都在进化。以往的视线感知主要用于学术及市场，VR 作为全新的用途不断地吸引人们的目光。

世界上最大的感应机器公司是瑞典的拓比科技公司。东京五反田的日本事务所里有试验性地搭载了视线感知功能的美国虚拟现实公司的"Rift"及宏达国际电子公司的"VIVE"。两者都是用切削工具在设备上打孔，植入必需的电线改造而成。他们没有等市面上出现头盔显示器导入视线感知技术的先例再动手，而是由公司内部的工程师手工改造。

拓比科技公司的日本代表蜂巢健一说："2016 年中下旬开始，VR 上必须有视线感知功能，这一势头正在增加。"

现阶段的头盔显示器能感应出人脸的朝向，但是暂时还做不到感应视线。但是很多时候人们都是头不动，仅仅移动视线去看物体。就如"眉目传情"这个词所示，眼神才是表达人真正内心的介质。

拓比公司的技术是详细地检测视线的位置。使用 X、Y、Z 三维手段识别空间，能检测出来的不仅仅是视线的方向，甚至连视线看向的是重叠目标物体的正面还是反面——这种视线的深度，都能检测出来。

● 视线感知的 VR 应用事例

用视线输入信息的装置	内容、广告的刊登	绘画的效率化
利用视线进行 VR 操作，甚至会实现角色感知到体验者的视线而回头。	分析视线集中的场所，决定投放广告的位置。	找到中心视野，将周围虚化，减轻电脑的负荷。

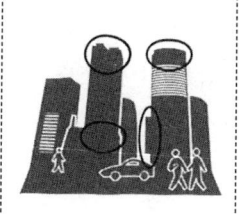

检测使用的是角膜反射法。当红外线射到眼球上时会发生反射。在眼球周围分布相机来捕捉一个固定的反射点及"骨碌碌"转动的瞳孔。用这种方式获得两个位置之间的关系,并用独特的算法计算、追踪视线。

角膜反射法是最近视线感知最普遍的方法。顺便说一下,销售眼镜的睛姿眼镜店也在智能眼镜上搭载了视线感知,但是所采用的是眼电位法。眼电位法是利用比角膜反射法便宜的系统来感应视线,但是它的精度稍逊色。凭借学术用途等推广开来的拓比公司的视线感知,在精度上是无人能及的,所以市面上都会选择用角膜反射方法。

但是,仅仅依靠角膜反射是不足以在竞争中脱颖而出的。拓比公司还在不断地进行改善,在瞬息之间识别被实验者的黑眼珠或白眼球,选择与事先保存好的眼球模型最相近的模型,配合大小形状千差万别的人眼不断修正计算结果。眼球模型的详细信息是竞争力的源泉,即使是蜂巢公司也说"详情我并不知晓"。

企业并购正在加速

VR 与视线感知这个组合值得人期待。

比如说,通过视线来输入信息。出现在画面上的选项可以用视线来选择。如果只是选择选项这个操作的话，视线会比选择使用控制杆的速度更快，也更简单。游戏中的角色感应到体验者的视线后，眼神躲闪这种功能也会变成可能。在 VR 体验中会出现全新的紧张感。

分析人们的视线主要看向画面的哪个地方，以此来提高透视图（描绘）的效率，也受到了人们的关注。人能清楚看清颜色和形状的仅仅是视线的中心部分，仅占视线整体的 5%。利用这一信息，将视线中心视野部分用高分辨率描绘出来，但用低分辨率描绘周围部分的研究仍在进行中。

这种手法被称为"中心渲染"，能更有效地使用计算机有限的能力。如果要把虚拟空间所有的内容都用 4K 分辨率来描绘，就需要相当高的运算能力；但是运用"中心渲染"的话，只要把中心视野设定为 4K、周围设定为 2K，按照这种分区域分别设置的方式进行研究，不久的将来就能进行实质上的 4K VR 体验。

在视线感知的技术与 VR 融合这一课题中，深度上的精度问题被列举了出来。VR 空间也有深度。现阶段的精度还不能充分追踪体验者的视线。

成本问题也不能忽视。拓比公司于 2016 年年初出售的主要应用于学术用途的眼镜型视线感知设备"玻璃 2"，价格高达230 万日元。有必要分析清楚 VR 的要求性能，锁定其功能及零部件。

拓比公司与好几家 VR 机器厂商合作，隐秘地进行开发活动。蜂巢公司对于搭载了视线感知功能的头盔显示器的上市时间守口如瓶，但是也会在早期透露给大众"时间不会太晚"这一信息。2015 年与瑞士的星风（Star Breeze）公司合作开发搭载视线感知的头盔显示器，"新闻稿只是公开了拓比公司与星风公司的合作关系，其内部还包含很多项目"。

视线感知与 VR 的融合刻不容缓。虚拟现实公司收购了视线感知技术风险投资公司——丹麦的眼部落（Eyetribe），谷歌公司收购了美国眼魔（Eyefluence）公司。像这些有能力的企业也准备推出视线感知搭载型设备。科洛普尔公司及台湾鸿海公司出资成立的日本研发风险投资公司 FOVR（位于加利福尼亚州）已经努力实现了产品化，并预计于 2017 年 2 月开始出货。下一个时代围绕 VR 的变化已经不紧不慢地开始了。

4 VR 引领的 5G 的胎动

2017 年 2 月，在西班牙巴塞罗那举办的世界移动通信大会上明确公开了关于 5G 的消息。日本电报电话都科摩（NTT DOCOMO）公司总裁吉泽和弘明确表示："于 2019 年开始投资 5G。"

"日本电报电话都科摩公司什么时候实现 5G 的实用化？"很多 VR 相关人员都关注着都科摩公司的一举一动。体育转播及音乐现场等实时播放的节目被视为有望实现 VR 化的领域，不同类型的参与企业都在开发相关服务。但是，要实现这一展望，远超现在 4G 规格的高速通信网络是必不可少的。

通信规格从模拟方式的第一代移动通信技术（1G）开始，每提升一代，都经历了大约 10 年的不断地进化的周期。由此，现在的 4G 也历经 10 年才实现实用化，那么下一代的 5G 实现实用化的目标就可定格在 2020 年。可以说，5G 的通信速度将会是 4G 的 10～100 倍。都科摩公司已经跟松下公司等企业开始了共同实验，凯迪迪爱公司与芬兰的通信机器大型企业诺基亚公司也合作进行技术开发，美国、韩国、中国等国家的目标也是提前实现商用化。

5G 的频率范围等国际规格按照 2017 年年末至 2018 年年初策划规定的那样，虽然规格不同，但是在设备方面可以使用现在 4G LTE（Long Term Evolution，通用移动通信技术的长期演进）的一部分设备。迄今为止，都科摩公司为 4G 投入了 200 亿日元的资金，然而吉泽和弘说："开发 5G 投资额，会控制在低于 4G 的投资额。"

通信规格的提升一直受需求方牵引。4G 也是因为以优兔网站为首，能用手机观看视频的服务一个接一个地问世，用户开始追求使用移动手机能够顺畅地观看视频的视听环境而诞生的。从 4G 向 5G 发展，牵引这个变化的有物联网，也有人工智能、自动驾驶，以及 VR。我们可以以为，5G 时代将是与下一代登场的技术融合的时代。

都科摩公司在 2017 年 5 月构筑可以使用 5G 高速通信的试行环境"5G 试用网络"，在这个环境下可以享受每秒超过 10 吉（Gb）的高速通信。东武铁道公司计划使用 VR 进行东京天空树等景点的观光导游及现场影像的发布。用 5G 进行 VR 体验会展现出什么样的进化情况呢？

目前，已经有结构可以基于现有基础设施在一盏茶的时间内传送 VR 内容。

2017 年 3 月，有线电视的主力——东京有线电视网与开发软件的苦无（KUNAI）公司等 5 家企业成功完成使用有线电视网传送 VR 视频的实验。实验中，他们活用通过播放电波传送大容量数据的"IPDC"（基于网际互连协议的数据广播）技术，使用不在播放节目的列车通信网络（TCN）电缆的无线传输系统（Wi-Fi），将手机安装在护目镜型的机器上，然后戴在头上观看 VR 视频。视频内容有 2K 画质的浜松城的 VR 视频和 360 度现场直播影像两种。

如果通过网络传送大容量 VR 视频，就有可能产生很多终端连接到服务器导致播放速度降低的情况。如果使用有线电视网的广播方式，就可以不受接收终端限制顺畅地播放 VR 视频。在有线电视接收机之外还会受 Wi-Fi 式样的影响，但是在几口人一起生活的普通家庭应该是没有问题的。接下来，还会进行 4K 等更加精细的 VR 内容的传输实验，有可能通过 VR 观看棒球或足球的现场转播会比预期更早实现。

图书在版编目（CIP）数据

引领未来：VR产业创新模式与启示 / 日本日经产业新闻编；朱春柳译. — 北京：北京时代华文书局, 2021.3
ISBN 978-7-5699-4105-0

Ⅰ. ①引… Ⅱ. ①日… ②朱… Ⅲ. ①虚拟现实－产业发展－研究 Ⅳ. ①F49

中国版本图书馆CIP数据核字(2021)第039799号
北京市版权局著作权合同登记号　图字：01-2018-1852号

VR（KASO GENJITSU）BUSINESS SEIKO NO HOSOKU
Copyright 2017 NIKKEI INC.
All rights reserved.
No reproduction without permission.
Original Japanese edition published by NIKKI PUBLISHING INC.（renamed Nikkei Business Publictions, Inc. from April 1, 2020）, Tokyo.
Chinese(in simple character only)translation rights arranged with NIKKEI PUBLISHING INC., Japan throuth Bardon-Chinese Media Agency, Taipei.

引领未来：VR 产业创新模式与启示
YINLING WEILAI VR CHANYE CHUANGXIN MOSHI YU QISHI

编　　者｜日本日经产业新闻
译　　者｜朱春柳

出 版 人｜陈　涛
责任编辑｜周　磊　余荣才
责任校对｜陈冬梅
装帧设计｜孙丽莉
责任印制｜刘　银　訾　敬

出版发行｜北京时代华文书局 http://www.bjsdsj.com.cn
　　　　　北京市东城区安定门外大街138号皇城国际大厦A座8楼
　　　　　邮编：100011 电话：010-64267955 64267677

印　　刷｜三河市嘉科万达彩色印刷有限公司　电话：0316-3156777
　　　　　（如发现印装质量问题，请与印刷厂联系调换）

开　　本｜880mm×1230mm　1/32　　印　张｜6.25　字　数｜130千字
版　　次｜2021年4月第1版　　　　　印　次｜2021年4月第1次印刷
书　　号｜ISBN 978-7-5699-4105-0
定　　价｜45.00元

版权所有，侵权必究